究極の資産防衛メソッド!

アンティーク コイン投資

 イギリス王室編

安井将弘 著

セルバ出版

はじめに

「株式、投資信託、債券、FX、不動産、そして暴騰暴落に踊らされた仮想通貨」底なしの欲望に踊らされ一喜一憂する、そんな人生は辞めませんか？　世界中の富裕層が隠し続けてきたアンティークコインという世界遺産があるのです。

偶然ではない、必然として本書を手にされた皆様、是非神戸にあるアンティークコインのショールーム兼エグゼクティブラウンジへお越しください。本書の中だけでは言い表せない内容が沢山あります。

法人税が下がり、個人への課税が益々増え続けるこれからの世の中、今後の人生を賢く生き抜くために、如何にアンティークコインが大切であるのかをご説明申し上げます。金地金を凌駕する安心感とパフォーマンス、高い匿名性と共に小さく携帯性に優れたフォルム、維持管理の容易さ、それらの類まれなる秀でた特性に気づかれた方だけの特権です。

キャサリン妃の第三子出産、そしてルイ・アーサー・チャールズ王子のご命名、ハリー王子と女優メーガンマークルさんの結婚、エリザベス女王の92歳のお誕生日、いづれも耳にしたことのあるニュースばかり。方や同じ王室制度でもオマーン、オランダ、カタール、カンボジア、クウェート、サウジアラビア、サモア・・・（アイウエオ順）などなど、世界で27ある王室の国王や近況を尋ねられても、国王の名前すら出てこないのは何故でしょうか？　メディア統制された世の中では自然な流れに身を任せ、イギリスコインを1枚1枚集めるのがコイン投資の定石。

本著ではそのイギリス王室の歴史を振り返りながら、コインの魅力を余すことなくお伝えします。

さあ、誰も知らないイギリスコインの魅力を存分に楽しみましょう！

2018年5月

安井　将弘

究極の資産防衛メソッド！「アンティークコイン投資」 イギリス王室編　目次

コインパレスについて

お客様だけでない、同業者様からのご依頼

オークションディーラー様からのご依頼

裸コインとグレーディングコイン

コインパレスの秘密

お金で買えない信用

新規立ち上げ同業者の支援

他店で購入したコインも大歓迎

様々なお悩みにお答えします

デメリットを言う大切さ

注意してほしいこと①

注意してほしいこと②

注意してほしいこと③

コインコンシェルジュが考える仕事の流儀

前著を振り返って

帝王学を教えてくれた2人の父

もう1人の父、Y社長との出会い

　①他人の飯を食う

　②精神や肉体を鍛える

　③身内であろうと斟酌はしない

　④お礼は三度言う

　⑤人さまの喜びを自分の喜びと思う

　⑥神仏先祖の前では誠・真心しか通じない

　⑦御礼の言葉

　⑧セミナー案内

参考文献

第1章
アンティークコインの魅力

1. アンティークコイン投資って何

世界で稀有な秀でた投資法とは

本書は、神戸でアンティークコイン販売を生業としているコインコンシェルジュが、英国王とそのコインにまつわる話をまとめたものです。英国に興味のある方、歴史好きな方、そしてアンティークコインって何だろう？　と疑問を持たれた方などに、ぜひお読みいただきたい内容です。

まずは、私がコインコンシェルジュを名乗っている理由についてご説明させてください。コイン販売業と書けばいいものをわざわざコインコンシェルジュと名乗っているのは、ただアンティークコインを販売しているわけではないからです。

皆様はコイン投資という言葉をお聞きになったことはありますか？

じつは、今、巷でたいへん注目されている投資法なのです。アンティークコインの収集は、ヨーロッパでは古くから王族や貴族を中心に親しまれてきた伝統ある趣味の１つです。ところが、日本でも最近ではコインの希少性に目をつけた勘のいい人たちが投資目的で買い求めるケースが増えてきました。人が投資をするところにお金が集まるということで、今、コイン市場ではとてもホットな投資が展開されています。

お客様へのサポート

私どもは、こうした投資を目的とされるお客様に対して、資産に応じたコインへの投資方法や、今後値上がりしそうなコインの情報などをご提供させていただいております。つまりアンティークコインを通じた、資産づくり、あるいは資産防衛のサポートを行っているのです。

そうした関係から私は常に世界の経済情勢にも目を配っておりますが、ここ１〜２年で世界の経済状況を含む世界情勢そのものが大きな変化を遂げました。トランプ大統領の誕生やイギリスの EU 離脱、北朝鮮の核問題等々、世界各地で混迷の度合いが高まっていることは周知の事実です。

しかも、これらの諸問題は先が見えづらく、専門家でも今後の経済動向を予測するのが難しい状況です。

しかし、そうは言ってもどなた様もご自分の資産を守るために最善の努力をなさっていることでしょう。私もコインを通じてお客様の資産を守るお手伝いをしております関係上、読者の皆様に対して、こうした分野でもお役に立ちたいと思っております。

そこで本編の王室の歴史に入る前に少し、世界の経済状況や、アンティークコイン投資について、皆様にぜひ知って置いていただきたい情報をお示ししたいと思います。お読みいただいて損はない情報をギュッと集約しております。もちろんご興味のない方は、読み飛ばしていただいて本編の英国王室の歴史からお読みいただいてもけっこうです。

2. 世界情勢・経済の動きに対応できるコイン

世界経済の分析

まずは、世界情勢と経済に関する私見をまとめてみたいと思います。なぜ私がこのような文章を書くのか、その理由から。私は、コインコンシェルジュという立場で、多くの富裕層の方々の財産をお守りしております。そのためには日々、世界の経済動向を注視する必要がありますし、経済を知るために国際情勢にも目を配っております。そのような中で知り得た情報や、そこから導きだした私なりの世界に対する見方を皆様にもぜひ知っていただきたいという思いから本書を執筆いたしました。

読者の皆様は、これからの世界の先行きをどのようにご覧になっていますか？　これまで世界経済を牽引してきたアメリカにトランプ大統領が誕生して1年、世界は彼の言動にかき回されています。近隣諸国に目をやれば、北朝鮮の核問題をはじめとして東アジアの緊張がかつてない程高まっています。

そんな中、少子高齢化が史上例を見ないスピードで進んでいく日本の立場はどうなるのか。経済も不安定です。ビットコインが1日に4割も暴落。

それに加えて、この原稿を書いている時点でニューヨークダウが 1175 ドル安と、史上最大の下げ幅を記録、それに引きずられるように日本株も 1600 円を超える下げを記録しています。

　1 つの国の不安要素が瞬く間に世界中に飛び火する時代です。誰もがこれからの世界情勢に不安を感じているのではないでしょうか。

今後世界はどうなるのか

　正直に申し上げて、私が世界情勢や今後の経済の方向性を語るのは少々おこがましいという思いもあります。しかし、その一方で日本国内でダラダラと流されているニュースに物足りなさを感じているのも事実です。世界は今、ダイナミックな変化を遂げようとしています。しかし日本国内ではそのような動きに誰も反応しようとはしていません。このことに私は強い危機感を感じるのです。

　私が世界各地で仕入れた情報や物の見方をご呈示することで、皆様の未来の判断材料にしていただければ、そして、そのことが皆様の将来の安寧や財産を守ることにつながれば、私といたしましても本望です。あまり国内のニュースなどでは語られないようなこともお伝えいたします。よろしければご一読ください。

　この項で私がお伝えしたいテーマは大きく 3 つあります。

　それは、アメリカと中国・金地金と仮想通貨・金本位制の復活です。

アメリカと中国

　まずはアメリカから。これまで世界の基軸通貨ドルで、経済をリードしてきたアメリカ。一方で、アジアや中東など世界各地の争いにも積極的に関わり、世界の警察とも呼ばれてきました。第二次世界大戦以降、アメリカが世界のリーダーの役割を果してきたことは紛れもない事実です。しかし、そのアメリカに変化の兆しがあることを皆様はご存知でしょうか？

　トランプが大統領になったから、でしょうか？　いいえ、そうではありません。トランプが大統領になる前からアメリカの世界との関わり方に微

妙な変化がでてきているのです。トランプが「アメリカ・ファースト」を連呼し、アメリカもついに内向き思考へシフトしたのかと話題になりましたが、実はこの流れは少し前から少しずつ現れてきていました。これまでのアメリカが世界の中心といった考え方から、一歩身をひいた関わり方になりつつあるのです。

　例えばジョージ・W・ブッシュ大統領の北朝鮮への対応。それまでのアメリカと北朝鮮の2国間の交渉から中国や日本も含めた6カ国協議へと他の国々を巻き込む形へと変化させました。またオバマ大統領はシリア内戦問題をロシアに任せきりにしており、世界の政治を主導してきたこれまでのアメリカのやり方から変化を感じさせます。

世界のリーダーは誰？

　こうした流れを受けてのトランプ大統領の誕生は、ある意味、歴史の必然とすら言えるのかもしれません。彼の選挙期間中からの「アメリカは世界の警察官役を担わない」「日米安保条約は不平等だ」といった発言や、大統領に就任後もTPPからの脱退を指示したり、「在日米軍の撤退も辞さない」とインタビューに答えるなど、アメリカが国外のことに手を出すより国益を重視すべきという態度を明らかにしています。

　国内に向けては、アメリカ第一主義をアピールする格好となっていますが、対外的には世界の紛争は当事国間で解決することや、アメリカの核の傘の下にいる日本に防衛上の自立を促しているという解釈もできます。

　さて、トランプ大統領の狙いはどこにあるのでしょうか？　発言もころころ変りますし、計算づくの行動なのか、それともその場の感情で発信しているのか読めないところもあります。しかし私としては、彼の真意は、アメリカ主導ではない多極的な世界を構築することではないかと思うのです。もっと言うなら世界のリーダーとしての地位を手放すこともやぶさかではないと考えているのではないでしょうか。

　仮にアメリカが世界のリーダーから降りたとすると、次のリーダーの座をねらっているのは、どこの国でしょう？　そうです、中国です。

移り行く世界の覇権

　中国は、陸上のシルクロード経済ベルトと海上のシルクロードによる経済開発ならびに貿易構想を「一帯一路」という言葉に集約して、周辺各国への協力を呼びかけたり、アフリカ諸国にて援助と銘打った開発行為を行うなど、その勢いはとどまるところを知りません。特に習近平が国家主席に就任して以降の中国は、「中華民族の偉大なる復興という中国の夢を実現する」として、アジアの覇権を握りたいという態度を明らかにしています。

　また科学技術の分野においても、中国は 2025 年には、電気自動車や半導体、ロボットなどの 10 の分野において世界のトップに立つことを目標に掲げています。こうした産業革命なども、中国のような国では、国民に電気自動車に乗るよう国が圧力を掛けるなど、民意を無視した政策が可能となっており、電気自動車が普及しやすく、また多くの人が利用する結果、商品開発が行われやすくなるといったサイクルが生まれます。

金地金を蓄え、台頭する中国

　こうして脈々とアジアの覇権奪取にむけ力を蓄えている中国ですが、日本では一部報道によると、中国のバブルははじけたとも言われています。実際のところはどうなのでしょうか？　確かにひと頃のような経済発展の勢いはなくなりましたが、じつはこれについても驚くべき見方があるのです。

　それは、中国はあえて自国がバブルになりそうなところを早めに押さえてつぶしているというものです。なぜそのように言えるのかといいますと、中国は、アメリカのバブルが崩壊してもいいように、貿易をドルではなく自国通貨の人民元で行っており、ドルではなく金地金で外貨を備蓄しているのだとか。

　これに対して、アメリカでは株や債券の価格が実態以上に上がりすぎていて、それに呼応するかのように日本の株価も高値水準を維持していました。ですから、いつかバブルが崩壊するのではないかと危惧を持つべきだっ

たのは、中国ではなくむしろ日米のほうだったのです。

　実態を伴わない好景気はいつか弾ける。私たちは、約 30 年前のバブル崩壊でそのことを学んだはずなのですが。それはともかく、アジアでの中国の台頭という事態に向けて、私たち日本人は、どう対処すればいいのでしょうか？　私自身もこのことに対する答えは持ち合わせていませんが、これからも中国の動きには注視していきたいと思っています。

金地金と仮想通貨

　2009 年に開発されたビットコインは、インターネット上で流通する仮想通貨の 1 つです。暗号通貨とも呼ばれています。ビットコインが登場した当初は、国の干渉を受けない、銀行を介さなくても個人間で送金ができる、手数料が安い、世界中で同じ通貨が利用できるといったメリットがあることから、次世代の通貨と注目が集まりました。

　さらに、あらかじめ発行される数量が、2140 年までに 2100 万ビットコインと規定されていることから、ジャブジャブ印刷を続けられているドルなどに比べて、将来的に価値が暴落する危険性がないのではないかと期待する人が増え始めます。やがて、ビットコインでの支払いを受け付ける企業や、利用者、あるいは投機目的の購入者が増えてくると、ビットコインの人気が爆発。

ビットコインの暴騰と暴落の次にくるのは

　2017 年 4 月に 12 万円だったのが、12 月には 200 万円とビットコインの価格がうなぎ登りになっていました。しかし年があけて 2018 年 1 月にはわずか 2 日間で最大 42％もの急落が起こります。こうなってくると、もはや投資ではなくギャンブルと言えるのではないでしょうか。

　ビットコインを推奨する人たちの中には、こうした経験をくり返し、ビットコインはより安全で技術的にも進化した通貨になるという人たちもいます。今後、どちらの方向に進むかはわかりませんが、通貨の世界でも、紙幣と仮想通貨の覇権争いがひそかに起こっているのかもしれません。

さて、紙幣と仮想通貨以外にも、人類が古くから信用を託してきたのが金地金です。金地金は、有事の安全資産として昔から人々の信頼を受けてきました。

　ところで、最近の傾向として、ビットコインの人気が高くなると、それに逆比例するように金地金の売れ行きが悪くなり、また、ネットの検索ワードで「金地金　買う」よりも「ビットコイン　買う」のほうが上位に来るようになったとも言われています。

金地金とハイパーインフレ

　金地金はビットコインの後塵を拝することになってしまったのでしょうか？　私はそうは思いません。人類の通貨の歴史を振り返ってみると、金本位制を取り入れたり、止めたりをくり返しています。

　金本位制とは、金を通貨価値の基準とする制度で、中央銀行が紙幣と同額の金との兌換を保証している制度です。

　また、決まった額面を金と交換できる紙幣を兌換紙幣といいますが、ドルをはじめとして現在使われている大部分のお金は、金に交換できない不兌換紙幣、つまり裏打ちとなる保証がありません。ですからいくらでも紙幣を印刷して増やすことができますが、その一方で、価値が暴落する危険性をはらんでいるのです。そうなるとハイパーインフレが起こる可能性がでてきます。

　ハイパーインフレとは、国際会計基準では、3年間で累積100％の物価上昇のことをいいます。つまり、ものすごい勢いで物の値段が上がってしまい、貨幣の価値が下がります。過去にドイツでもパン1個が1兆マルクとなるなど、紙幣がまさに紙くず同然の価値しか持たなくなってしまったことがあります。

金本位制

　一方、金本位制の場合は、紙幣の裏打ちとして、金が中央銀行に保管されているため、基本的にハイパーインフレは起こらないとされています。

しかし、今の通貨システムをくつがえすような金本位制への移行は、もう起こらないのではないか、ましてやビットコインなど新しい通貨の形が模索されている中で、金本位制など過去への逆行ではないか、そうした意見ももちろんあります。

しかし、2016年、アメリカの共和党大会で金本位制への移行の可能性について議論が交わされたり、経済学者の中には、政府がお金をどんどん印刷し、借金を重ね続けている今の経済状況を打開するには、金本位制の復活しかないという人もいます。金本位制では、裏打ちとなる金が必要となり、政府が好き勝手にお金を印刷したりできないからです。

確かに、現在の政府と中央銀行が、お金をひたすら印刷することで債券を買い支え、国家予算を生み出すというやり方は、どうみても健全とは言えません。金本位制に人々が希望を見いだすのもむべなるかなという印象です。

イギリス国家が保証したロイヤルミントゴールド

最近になり、あのイギリスのロイヤルミント（英国王立造幣局）が、ロイヤルミントゴールドという仮想通貨を発行するというニュースが入ってきました。これは、ブロックチェーンの電子取引メカニズムと金地金の特質を組み合わせた金投資商品とのこと。いわば、ビットコインに金の裏打ちをつけたということです。

仮想通貨といえども、ロイヤルミントが発行する通貨、イギリス国家が保証している物ということになれば人々の信頼感も高くなります。それ以上に金の裏打ちがあるということは、人々にとって何よりの安心材料であると言えるのではないでしょうか。

私個人としては、ロイヤルミントはまだまだ社会的に見ると新しい通貨の実験段階なのではないかと思うのですが、しかしここに金の価値がついたことには注目に値すると感じています。やはり、人々が最終的に信頼を寄せるのは、紙幣ではなく、貴重な鉱物資源である金なのではないかと思うからです。

金を備蓄する意味とは

少し不穏な話を書きます。それは、中国とロシアが外貨備蓄の一環として金を買い集めているという話です。じつはここ最近、金の価格はそれほど上昇していません。先ほどビットコインのところで書いたとおり、ビットコインの人気に比較して金地金の人気に陰りが見えたからです。その安くなったときをみこして中国とロシアが金を買い入れているのです。

さて、ここから何が見えてくるのでしょうか？　今のところ、中国の人民元は国際的な通貨として信用がそれほど高くないといえます。中国は、2014年、上海の自由貿易区に人民元建ての国債金市場をつくりました。これによりこれまでイギリス中心だった世界の金取引に風穴を開ける算段だと考えられています。それだけでなく、もしかしたら、金を結びつけることで人民元の信用を高めるという計算を働かせているかもしれません。

テレビが流さない情報とは

さて、ここからはテレビのニュースでは流されない情報です。実は、金地金は、ドルにとってライバルとも言える位置づけなのです。ドルに対する人々の不安が高まると金が買われます。一方、中国は元を金と連動した通貨に、との思惑があります。

ビットコインは、アメリカの金融界が金地金と共倒れをさせるために価格の急騰を招いたともいわれています。しかし、価格が急騰しすぎたことやコインチェックにおける多額のビットコイン流出問題などで、人々の不安が大きくなり、ビットコインの価格が急落したことは記憶に新しいところです。

アメリカから中国へのひそかな覇権の移り変わり、金地金と仮想通貨の今と今後の見通し、そして金本位制の復活と、3つのテーマについてまとめてまいりました。この文章を通して見えてきたのは、ドルを中心とした経済を保ちつつ、自国第一主義へと舵を切るアメリカ、その隙をねらうかのように台頭しつつある中国。そして、中国とロシアが粛々と進めている金への備え。

まさに世界が今、大きく動こうとしていることがおわかりいただけたのではないでしょうか。この中国・ロシアと英米の力バランスが今後、どのように変化していくのか、私には判断がつきかねますが、いざ金本位制が復活したとしてもそれに対応できるように日本政府にもそれ相応の対策を取っていただきたいものだと思います。

　そして、私たち個人も先行きの見えない社会に対応できるよう資産を分散して保有しておくことが大切なのではないでしょうか。

3. アンティークコイン投資の魅力

アンティークコイン投資は究極の投資法

　世の中には株や債権、不動産、ＦＸ等々、様々な投資のやり方があります。しかしそれまでほとんど知られていなかったのに、ここ２年間で、もっとも注目度が上がった投資があります。どんな投資か、ご存知でしょうか？

　それがアンティークコイン投資なのです。

　私どもコイン業者も、その裾野の急激な広がりに驚いているのですが、ここ数年でコイン投資を始める方が続々と増えているのです。少しその背景をご説明しましょう。

5〜6年前より、国内でコイン投資をすすめる新興業者が増え始めました。私もその1人です。しかし当時は、コインの投資についてほとんど知る人はいませんでした。そこで、ほぼ同年代でよきライバル同士でもあるこうしたコイン投資専門業者がネットや書籍を通じて、コイン投資あるいはコインによる資産防衛についての情報を発信しはじめたところ、予想を上回る反響をいただいたのです。いったいどのような顧客の方がコイン投資に興味を持たれたのでしょうか？

　それは……

　アンティークコインを収集する先見の明ある方々

　資産の継承にお悩みの資産家の方。

　できるだけリスクをとらず資産を増やしたいと思われている方。

　株の投資に限界を感じ、新しい投資法を模索されている方。

　目でも楽しめる実物資産を持ちたいという方。

　また特殊なケースでは、美術品投資を行っておられたものの、震災により高級陶磁器が粉々になってしまい、もっと手軽に持ち出せる安全な実物資産を、とアンティークコインをお求めになられた方もいらっしゃいました。

　このように、実に様々に新規顧客の方々がコイン投資に興味を持ってくださいました。しかし、これらの顧客の皆様にも共通点があります。それは、新規顧客のほとんどの皆様が、これまでアンティークコインに興味をお持ちではなかったということです。

日本と海外のアンティークコインの市場規模の違いとは

　それというのも、つい最近まで日本でコイン収集といえば、一部のコレクターのものという風潮がありました。ですから、日本の老舗コインショップは、コレクター向けに日本の古銭をメインとした品揃えをしていたのです。

　ところが日本の古銭を持っていても、いざ手放すとなったときに、買ったときに比べても、さほど値段が上がることはありません。ですから、コ

インを投資になどという考えは、つい最近まで日本国内では一般的ではなかったのです。日本の古銭と海外のアンティークコインの違いは、一体なんなのでしょうか？

答えは、マーケットの規模です。一口にコイン市場といっても、日本と世界では雲泥の差があります。そもそも欧米のコレクターが日本のコインに注目することはほとんどないといっていいでしょう。ですから日本の古銭は投資用のコインとしてはやや魅力に欠けるのです。

従来のコインショップと私たちのような投資をも視野に入れたコインショップとの違いは、そこにあります。私どもは、海外との連携をベースに、海外のアンティークコインを中心とした品を取りそろえております。そして常時コインの値動きをチェックし、今後値上がりしそうなコインを分析、その動向を日々顧客の皆様に情報提供しているのです。

この新しいコイン投資という方法で、数年で資産を2倍、3倍にふやされた方もいらっしゃいます。ですから、私どもの職業は、コイン販売業というよりは、むしろコインによる投資のアドバイザーと申しあげたほうがより正確かもしれません。

アンティークコイン投資とは

アンティークコイン投資について、少し興味を持っていただけたでしょうか？

実は、日本のコイン投資人口は、多く見積もっても2000～3000人ほど。つまりほとんどの日本人がコイン投資についてご存知ないのです。じつは、このコイン投資、アメリカなどでは、かなりメジャーな投資で、毎週のようにどこかでコインのオークションが開かれているほどなのです。

せっかく本書を手に取っていただいたのですから、皆様のために本当のアンティークコイン投資の魅力をここで簡単にご説明させていただきたいと思います。アンティークコイン投資のメリットのうち主なものを3つ挙げます。

アンティークコイン投資 3 つのメリット

①安定的な値上がり

②誰にでも簡単に始められる

③資産防衛に役立つ

　順にご説明してまいりましょう。

①安定的な値上がり

　アンティークコイン投資の魅力といえば、ずばり「ほぼ確実に値上がりする」ことにあります。なぜそのように言い切れるかというと、アンティークコインの希少性です。アンティークコインは実物資産であり、今後市場に出回る数は減っていく一方で増えることはありません。一方、コイン投資に参入する人は、国内外ともに増え続けており、そのためコインの希少性がますます高まっているのです。人気のコインなどはオークションにかかるとすぐに売れてしまいます。それもこれまでの何倍もの高値をつけて。

　コイン市場の値上がりに関する例を挙げると、これまでアンティークコイン市場は 25 年間もの間、ずっと値上がりを続けてきました。そして、2008 年リーマンショックの際にも、約 4 か月間で日経平均株価が約半値まで下がったのに対して、アンティークコイン市場では全く値下がりしなかったばかりか値上がりを続けていたのです。

　このようにアンティークコインは投資先としてもっとも重要な成長性を有していると言えるでしょう。

②誰にでも簡単に始められる

　アンティークコイン投資は、他の投資のように複雑なデータが必要ありません。気にいったコインを購入するだけ。至ってシンプルな投資法です。

　ただし、2 つだけ気をつけていただきたいことがあります。それは、コインの真贋とコインによっては値上がりが期待できるものと、期待できないものがあること。

　まず真贋については、信頼できるコインショップを選んでいただくこと。

そして、アメリカの二大鑑定機関である PCGS か NGC の認定を受けたコインを選んでいただければいいと思います。

値上がりしそうなコインの見分け方については、信頼できるコインショップにご相談いただき、今後値上がりが期待できそうな品の中から気にいった一品を選んでください。

値上がりしたところを待って売るだけですから、売買のタイミングもまったく難しくありません。FX やビットコインのように 1 日のうちでもめまぐるしく価格が上下するようなものでもありませんので、投資経験がないという方でも気軽に取り組んでいただけます。

③資産防衛に役立つ

この点においては、あらゆる投資の中でアンティークコインに勝るものはないのではないかと感じています。資産に関する情報ですので、個人差が大きく詳しくは個別にご案内させていただくのが一番ではありますが、概要だけご説明させていただきます。

何といってもアンティークコインは、株や金にくらべて匿名性が高いことが利点として挙げられます。株や FX の場合は口座開設にマイナンバーが必要となっていますし、金やプラチナについても 200 万円を超える取引の場合は、顧客の本人確認と税務署への報告義務が販売業者に対して課せられています。今後はどうなるか不明ですが、現在のところアンティークコインの取引について、このような規則はありません。

また災害時に、ポケットに入れて持ち出せるのも大きな利点です。大きな絵画や彫刻では持ち出すことは不可能ですし、震災の折に陶磁器を集めておられた方は貴重なコレクションが割れてしまい、大きな被害を受けられたそうです。

イギリスのコインに投資すべき理由とは

ここまでお読みいただいたならば、投資するならどの国のコインが適しているのか？　という疑問を持たれると思います。答えは、ずばりイギリ

スです。なぜイギリスなのでしょうか？　かいつまんでお伝えしましょう。私が取り扱っているアンティークコインは、主にイギリスの物ですが、その理由は2つあります。

　1つは、イギリスという国の影響力の大きさ。

　2つ目は、イギリスのコインは投資に向いているから。

　まずイギリスという国の影響力の大きさについては、私があれこれ説明する必要はないかもしれません。テレビのニュースでは、英国王室の話題が盛んに流れていますし、ネットニュースに英国王室の話題が流れない日はないと言っても過言ではありません。キャサリン妃がお召しになったドレスが飛ぶように売れたり、シャーロット王女がどのような洋服を着て幼稚園に初登園したかなど、細かいことまで話題となります。つい最近まで、NHKのドラマでもヴィクトリア女王を扱ったものが放送されていました。

　9000キロ以上も離れた遠いイギリス王室の話題をなぜ私たち日本人が毎日のように目にするのでしょうか？　オランダやスペインにも王室はありますが、その王様の名前やご子息の名前を多くの方はご存知ないことでしょう。

　しかしイギリス王室に関しては、ほとんどの方がエリザベス2世女王のお名前はもちろん、チャールズ皇太子、そのご子息のウィリアム王子とその妻のキャサリン妃などすらすらと名前を挙げることができるのではないでしょうか。

　これは日本だけに限ったことではありません。イギリス王室は、地球上で最も知られた王室だと言って過言ではないのです。なぜなら、カナダやオーストラリア、ジャマイカなどはいずれもエリザベス女王を君主とする英連邦王国だからです。英連邦王国は現在16の国で構成されていますが、イギリス以外の国々はかつて英国の植民地支配下にありました。現在は独立国となっていますが、それでも現在でもいずれの国もエリザベス女王を王として戴いているのです。

　さらには、53もの国が参加しているイギリス連邦は、かつてイギリスの植民地であった国家が集まったどちらかというと緩やかな集合体です。

それにしても53の国といえば、世界の国の数が196ですから、約4分の1の国がこのイギリス連邦に属しているということになります。

いかがでしょうか？　かつて世界を支配していた大英帝国の影響力は、21世紀の現在でも充分にその足跡を残していると言えるのです。

コインのデザインの魅力

さて次に2つ目の、投資するならイギリスのコインがおすすめである理由ですが、これは今まで説明してきたイギリスの影響力の大きさに加えて、コインの造形のすばらしさ、そして人気の高さが挙げられます。

もしかしたらどこかでその名をお聞きになったことがあるかもしれませんが、ヴィクトリア女王の時代につくられた「ウナとライオン」というコインは、そのレリーフの美しさとコイン自体の希少性から5〜6年前には数百万円で購入できたものが今や4000万円以上もの高値となっているのです。

5〜6年前に「ウナ＆ライオン」を買われた方は、おそらく美しいコインを眺めながら、今頃ほくそ笑んでおられることでしょう。わずかな期間でここまで利益が出る投資はそうそうありませんし、このコインは、もともと発行枚数が400枚と少なく、ほとんど市場に出回りませんので、手

〔図表1　1839年ヴィクトリア女王ウナ＆ライオン5ポイント金貨〕

に入れることすら難しいコレクターにとっても垂涎の1枚なのです。

このコイン以外にもイギリスのアンティークコインは、優れたデザインの物が多く、コレクターの注目度も高いのです。ですからイギリスのコインがおすすめなのです。

じつは、近頃どのディーラーさんもイギリスコインを充実させようとやっきになっています。老舗のコインショップもその傾向は顕著です。しかし、老舗ショップさんの場合は、昔から付き合いのある顧客がいることから思い切ってイギリスのコインが一番だと言うことは難しいという事情があります。ですから今でも各国のコインをまんべんなく販売していると言えるでしょう。

イギリス以外のコインについて

それでは、イギリス以外のコインは投資に向いていないのでしょうか？純粋にコインを集めて楽しむ収集家の目線でみると、人気が高いのは、「イギリスコイン」、「古代コイン」、「ハプスブルク家のコイン」、「神聖ローマ帝国のコイン」の4種類です。

これらのコインは、趣味の収集目的で集めていただく分には全く問題がありませんが、投資目的の場合は少し注意が必要です。その理由をご説明いたしましょう。

神聖ローマ帝国のコイン

まず神聖ローマ帝国のコインから。神聖ローマ帝国は、地理的には今のドイツに相当しますが、昔のドイツは、今のように1つの国ではなく、ちょうど江戸時代の日本の藩のように、国内に諸侯が存在していました。そして日本で各藩が発行した藩札が流通していたように、かつてのローマ帝国でも、諸侯がそれぞれ独自のコインを発行していました。

ですから今でも、じつにたくさんの種類のアンティークコインが残っているのですが、そのために投資に向いているコインが絞りにくいのです。ただ美しい都市景観図やレオポルト1世、フェルディナンド3世といった

有名な国王の 10 ダカット以上の品は見ごたえもあり、素晴らしく思います。

器用に修復するドイツ人

またドイツといえば、優れた技術力を持った職人を育成するためのマイスター制度があるなど、工業技術に優れた国であり、職人の技術力の高さも周知の事実。

ところが、ことアンティークコインにとっては、この職人の技が仇となるのです。というのも、コインは補修が施されると、アンティークとしての価値が下がるのです。

銀のコインを磨いたら価値が下がる、という話をお聞きになったことはありませんでしょうか。補修をされたコインは、鑑定時にディテールズ（修復痕あり）という判定をされてしまいます。一例ですが、ディテールズ鑑定がつくと同じコインでも半額ほどの価格となってしまうこともあるのです。

そして、ドイツコインには補修された物が多いのです。おそらくドイツの人たちは器用であるがゆえに、傷やへこみをそのままにしておけなかったのかもしれません。

未鑑定品が多いドイツコイン

投資目的でアンティークコインを購入する場合は、アメリカのＰＣＧＳやＮＧＣといった鑑定機関で鑑定されスラブという特殊なプラスチックケースに入っているものの購入が基本です。この２つの鑑定機関の認定を受けていれば、まず真贋について心配する必要がないからです。

ところが、ドイツコインの多くは、スラブに入っていない裸コインが少なくありません。鑑定を受けていない裸コインは、コレクションとして手のひらで愛でて楽しみたいという方にはよいのかもしれませんが、投資として考える場合には、購入をおすすめできません。裸コインは安く購入できますが、その分、売るときも安くしか売れませんし、値上がりも期待できないからです。

そのため私どもの会社でもドイツコインを積極的には扱っていません。

発行数が不明瞭な古代コイン

次に古代コインについて。投資という目線で見ると、値上がりしやすいコインというのは、希少性が高いものです。高級時計に例えると、あらかじめ製品の販売数が限られており、シリアルナンバーがついていると、プレミアがつくようなものです。

ところが古代コインは、遺跡を掘れば壺に入ったコインがざくざくと出てくることがままあります。かつて世界に 100 枚しかないと言われていたものが、遺跡から 200 枚出てきたとなったら、希少性は薄れてしまい価値が下がってしまいます。

古代コインの場合は、イギリスのアンティークコインのように、何枚発行されたなどと、記録に残されていることはありませんから、そもそもの発行数が不明瞭ということもあり、扱うのが難しいコインの 1 つと言えるでしょう。

市場規模が大きいアメリカ

ところで詳しい方ならご存知かもしれませんが、実はコイン投資といえばアメリカでたいへん盛んに行われています。ならばアメリカのコインは投資向きと言えるのでしょうか。

実は、私はあまりアメリカのコインをおすすめしません。なぜなら、アメリカのコイン投資市場は、一時期かなりの資金が流入し、コインの値段が実情よりも上がってしまっているからです。いわばコインバブルが起こってしまった後の市場となっており、今からアメリカのコインに投資をするのは、リスクが大きいと言わざるを得ないでしょう。

コインを通じて資産家の皆様のお役に

資産防衛に役立ち、簡単で確実な投資であるアンティークコインの魅力について、もっと詳しく知りたいと思われた方は、ぜひ前著の「アンティー

クコイン投資　究極の資産防衛メソッド」をお読みいただければと思います。これまでほとんどの日本人が知らなかった投資法についてたっぷりと詳しく書かせていただきました。

　ところで、本書のサブタイトルとして、「究極の資産防衛メソッド」と書いてあります。これにも理由があります。

　じつは私の主な顧客の方々は、医師の先生方です。それは、私の父が関西を中心に展開する調剤薬局チェーンの創業者であるというご縁から、医師の先生方と面識をいただいている関係によるものです。私自身、若い頃には父の会社で働いていましたが、当時も医師の先生方の激務を目の当たりにしてきました。そのとき以来、医師の先生方というのは、自分の寝食を犠牲にしても病人の命を救うお仕事をされているという事実に尊敬の念を抱き続けています。そして医師の皆様とお話をさせていただいても高い理想と信念をお持ちの人格者の方が多いことも身をもって知りました。

　でも、そんな先生方にもお悩みがありました。バリバリと仕事をこなし、人の役に立ち、資産もお持ちの医師の皆様が、いったいどのようなお悩みを持たれているのでしょうか？

資産防衛問題を解決するアンティークコイン

　答えは、ご自分たちの資産を守ることでした。学生時代からのたゆまぬ研鑽と社会人となってからは日々の自己犠牲の上に築き上げた資産、自分の持ち物を子や孫に譲り渡すという当たり前の行為が今の税制では難しいということに当惑されている方が多いのです。医師の先生方だけではありません。日本で資産家と呼ばれる方々の多くは、高い税率に苦しめられていらっしゃいます。

　私は、いつか、そんな医師の先生や資産家の方々のお役に立つことができればと、心のどこかで忸怩たる思いを抱き続けていました。そしてあるとき巡り会ったのが、アンティークコイン投資だったのです。そしていろいろと勉強していくうちに、アンティークコインは、投資としての可能性はもちろんのこと、資産防衛に役立つと知ったのです。

それからというもの、多くの医師の先生方の資産についてご相談に乗らせていただいております。当社では、少しでもお安くコインを提供するためにほとんど宣伝広告の類を行っていないにも関わらず、先生方の横のつながりで、お客様からお客様をご紹介いただいております。おかげさまで日々新規会員ご登録いただく方が増えております。会員登録が未だの方はすぐご登録下さい。耳より情報を日々お届けしています。

　人のために役立つ仕事をなさっている方々のお役に立ちたい。そんな一心で、私は今日もお客様の元へとアンティークコインをお届けしています。

第2章
イギリス王の
エピソード

コインコンシェルジュが語る、イギリス王家の魅力とは

世界の独立国家には、27 の王室が存在しています。その中で、もっとも知名度が高い王室といえば、どこでしょうか？　おそらく、ほとんどの方がすぐに答えを思いつかれるのではないでしょうか。そうです、イギリス王室です。

どうして私たちは、遠くはなれたイギリスの王室に興味を持つのでしょうか？　日本人という立場から考えてみると、日本にも天皇家という存在があるように、王家というものに対してどこか親しみや信頼を感じているということは言えると思います。

しかし、それならば、スペインやタイなど王室がある国は他にもたくさんありますが、それらの国の王室に関しては、イギリス王室ほどには、くわしくないというのが現状です。

そこで、私が導き出した答えは、イギリス王室そのものに、人々を惹きつけて止まない魅力があるのではないかということです。エリザベス女王をはじめとするロイヤルファミリーのふるまいそのものが、私たちを魅了しているのだと思います。

もちろん、いい話ばかりではありません。記憶に新しいところでは、チャールズ皇太子とダイアナ妃の離婚や、ダイアナ妃の事故といった悲劇もありました。歴史的に見ても、人民に愛された王様もいれば、うとまれた王様も、当然存在していたのです。

あるとき、こうしたことを私自身の心のおもむくままにまとめてみたら、面白い本ができるのではないかと思いたちました。私は、それ以来、折りにふれ、イギリス王室に関するエピソードを集めはじめたのです。その結果、やはり歴史の重みというものは、深くて面白いとうならされました。深く知れば知るほど、イギリス王室の魅力がより鮮やかに見えてきたのです。

イギリスコインとの出会い

私とイギリスとの出会いは、1 枚のコインでした。あるとき、イギリス

のアンティークコインに魅せられたことをきっかけに、アンティークの街、神戸でコインの店を営むことになったのです。これまで、イギリスアンティークコインの魅力をたくさんの方々にご紹介させていただいてきました。

　不思議なもので、もともとコインに興味がなく、ただ投資目的でご購入いただいたお客様でも、手元にコインを置かれて、愛でられているうちに、その魅力のとりことなり、次々とコインをご購入され続けるというお客様がほとんどです。

　イギリスコインの魅力とは、そのデザインや歴史、1人ひとりの王の肖像が描く歴史浪漫。そして、世界中で愛されるゆえに人気が高く、近年ますます希少性が高まっていることなどがあげられます。

　しかし、うっかりここでイギリスコインの魅力を語り出すと、それだけで一冊分の文字量をオーバーしてしまいそうです。それはまた別の機会に譲るとして、本書は、1人でも多くの方に、歴代の王のエピソードを通じて、イギリスという国の魅力を知っていただきたいと思います。そのため、かた苦しい歴史の教科書的な文章ではなく、アフタヌーンティーを楽しみながら、気楽に読んでいただける、そんな文章で綴ってまいりたいと思っています。

　もちろん、コインアンバサダーである私ならではのコインの知識もふんだんにご紹介してまいります。コイン好きな方はもちろんのこと、コインに興味がないという方にもたっぷりと楽しんでいただける内容を心がけました。

　本書は、1600年代のチャールズ2世から、現在のエリザベス女王までを対象としています。各王・女王ごとに時代をくぎって、王・女王の生涯を簡単にまとめ、その後、その時代の面白いエピソードを文化や歴史、世俗などジャンルを問わず、たくさん紹介してまいります。各王・女王の生涯をまとめたものを通読していただければイギリスの中世以降の歴史をたどることも可能です。

　それではさっそくイギリス王家をめぐる旅へと出発いたしましょう。

Charles II
チャールズ2世

生没：1630年5月29日 － 1685年2月6日
在位：1660年5月29日 － 1685年2月6日

- ジェームズ1世 — アン・オブ・デンマーク
- ヘンリエッタ・マリア・オブ・フランス — チャールズ1世 — エリザベス
- キャサリン・オブ・ブラガンザ — チャールズ2世 — メアリー・ヘンリエッタ — オラニエ公ウィレム2世（オランダ総督） — アン・ハイド — ジェームズ2世 — メアリー・オブ・モデナ — ヘンリエッタ・アン — フィリップ1世 — ソフィー
- ウィリアム3世 — メアリー2世 — アン — ジョージ・オブ・デンマーク — ジェームズ — ジョージ1世
- チャールズ — ヘンリー・ベネディクト

1. 逃亡生活から一転、人々に愛された陽気な王様 チャールズ2世

　生涯で13人もの愛妾を囲い、日々遊蕩を繰り返したことから、陽気な王様として知られるチャールズ2世。しかし、じつはその前半生は、苦難の連続でした。

　チャールズ1世の次男として生まれたチャールズ2世でしたが、兄が幼くして亡くなったことから、10歳の時には、皇太子（プリンス・オブ・ウェールズ）に叙位されます。順調にいけば、チャールズ2世は父の後をついでイングランド王位を継承するはずでした。ところが、父王との議会の対立に端を発した内戦をきっかけに、彼はパリへと避難せざるを得なくなります。その間に、父チャールズ1世が議会派のクロムウェルらに処刑されてしまいます。

　議会派に政治を牛耳られてしまったチャールズ2世は、イングランド王への即位をいったんあきらめ、その後、スコットランドへ入ります。そこで、スコットランド王を宣言したものの、人民からは反対を受けたため、身の危険を感じ、オランダへと避難。

　しかし、機会をうかがい再びスコットランドへと舞い戻り、なかば強引に戴冠式を挙行。イングランドの王位を奪還すべく、イングランド領に攻め込むなどしますが、あえなく戦いに敗れ、パリへとのがれます。ここから苦難の逃亡生活がスタート。パリからケルン、ブルージュ、ブラッセル、ブレダと次々に居所を変え身を潜めます。

　王という身分ゆえに命を狙われなければならないとは、なんとも皮肉な運命です。

王政復古への道

　ところが、チャールズ2世がこのような逃避生活を続けている間に国

内の空気がかわります。議会政治に不信感をいだき、王政復古を望む声が高まったのです。その結果、チャールズ2世を王としてイングランドへ迎えることとなりました。チャールズ2世は、人々の大歓迎を受けてロンドンへと戻り、1661年、晴れてイングランド王として戴冠式を執り行ないました。

これで、ようやく一息つけるかと思いきや、チャールズ2世が王位についてからも、1665年のペストの大流行や1666年のロンドン大火と、大きな災難がふりかかります。ところが、ふしぎなことに人民の心はチャールズ2世から離れることはありませんでした。

その後も議会と対立して、専制に走ったりすることもありましたが、基本的には後世、陽気な王様と呼ばれたように放蕩に明け暮れた生活を送っていたようです。

そんな彼にふさわしく死の5日前にも、宮殿ギャラリーに人を集め、自身も美女を侍らせギャンブルに興じていたという記録が残っています。死因は美食を原因とする腎臓病だとか。

チャールズ2世の男としての魅力

前半生が、逃亡につぐ逃亡の生活だったことを考えると、最期はおいしいモノをたらふく食べて、美女に囲まれて面白おかしく過ごすという陽気な王様らしい亡くなりかただと言えるのではないでしょうか。

遊蕩三昧の日々をすごしたチャールズ2世。まじめに政務一筋、というわけでもなかったのに、なぜか人々に愛された不思議な王様です。これは、あくまで私個人の考えですが、もしかしたら政治との間に絶妙の距離感を保っていたことが、かえってよかったのかもしれません。

じつは、チャールズ2世は私にとっても、歴代王の中でもっとも魅力を感じさせる人物です。男らしいヒゲをたくわえた容姿や、堂々とした佇まい、時に型破りな行動を取るあたり、どこか人間臭さを感じさせてくれます。次は何をやってくれるのだろうと、まわりの人間をわくわくさせてくれる、そんな性格だったのではないかと想像しています。

Charles II
チャールズ2世のコイン

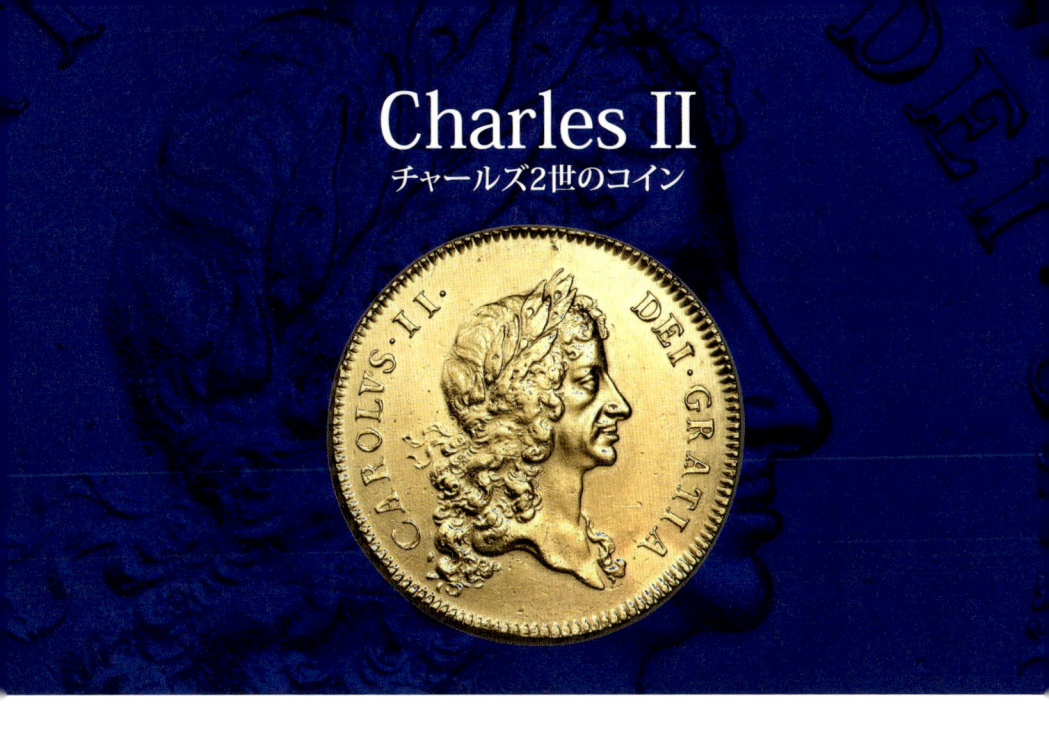

とにかく希少、1億円を超えるプルーフコイン

　プルーフコインというものをご存知でしょうか？　もともとは、流通用コインをつくる前の段階で、試作のためにつくられたコインのこと。ですから本来は、市場に出回ることがないものでした。時代が下り、コイン収集が盛んとなった今日では、収集家のために特別に鏡面処理をほどこされたプルーフコインがつくられています。通常使われる硬貨とは異なり、表面がピカピカに輝いています。ものやデザインにもよりますが、つくられる数が少ないことから投資用として人気が高いのがプルーフコインです。

世界初のプルーフコインとは

　ところで、世界ではじめてつくられたプルーフコインというのが、じつはチャールズ2世の肖像を描いたものなのです。1662年につくられたこのプルーフコインは、世界中を探しまわっても、多くて10枚ほどしか残っていないと考えられます。

　ですから、その希少性から、もし価格をつけるとしたら1億円以上と

いうとんでもない値段になると思われます。

　このコインは、歴史的な1枚としての価値のみならず、美術品としても優れている美しいデザインとなっています。その証拠に、1枚がニューヨークのメトロポリタン美術館におさめられているほどなのです。

コインのブリタニア像のモデル

　ブリタニアとは、イギリスを擬人化した女神のこと。都市を擬人化したことで有名な女神といえば、ギリシャ神話におけるアテネが思い浮かびますが、これと同様にイギリスを象徴する女神がブリタニアなのです。

　チャールズの命により、ブリタニアを刻印したメダルがつくられています。当時、克明な日記を残したことで知られているピープスは、メダル工房にでかけ、コインの見事さを日記に残しているほどですから、このメダルはつくられている間から話題になっていたものと思われます。

　さらに、メダルに引き続き、1672年に発行されたハーフ・ペニー銅貨にもブリタニア像が刻まれました。以来、ブリタニア像は2008年まで、絶えることなくコインに描かれ続けてきた伝統あるデザインなのです。

　ちなみに、一度途絶えていたブリタニア像ですが、2年ほど前からまた復活し、コインに刻まれるようになりました。

〔図表2　1680年チャールズ2世5ギニー金貨〕

ブリタニアのモデルとは

　そんな英国コイン史にとって、外すことのできない重要な女神ブリタニアなのですが、じつは、この像のモデルとなった女性がいます。チャールズ2世の愛妾だったにも関わらず、他の男性と駆け落ちしたという激情型の女性で、名をフランセス・テレサ・ステュアートといいます。

〔図表3　フランセス・テレス・ステュアート〕

　王様を振ったにも関わらずコインの女神のモデルとなった女性とはいかなる人物だったのでしょうか。彼女のことを少し紹介してみたいと思います。

　チャールズ1世の王妃の侍医であった父の亡命先パリで生まれたフランセスは、イギリス帰国後チャールズ2世の王妃キャサリンに使える女官となりました。とても美しい女性だったようで「ラ・ベル・ステュアート（ステュアートの美女）」とよび賞されました。しかし、その美しさゆえすぐにチャールズ2世の寵愛を受けることになります。普通なら、それほどに美しい女性だったのかと、ここで話が終わるところですが、それだけではありませんでした。

恋人と駆け落ちした20歳

　なんと、このフランセスは、チャールズ2世に負けず劣らずの恋多き女だったのです。宮廷内で恋愛を繰り返したのち20歳の若さで恋人と駆け落ちしてしまいます。これには、さすがのチャールズ2世も腹を立てたようですが、その後、彼女は駆け落ちした恋人と正式に結婚し、再び王宮に出仕することとなりました。そればかりではなく、チャールズ2世の指示により、ブリタニアのモデルとなったのです。

　この話を知ったとき、私は、チャールズ2世は、心の底から彼女のことを愛していたのだろうと思ったものです。なぜなら、フランセスは、

1669 年には天然痘を患い、その美しかった容姿が大きく変わってしまっていたからです。にもかかわらず、彼女の美しかった頃の姿を彫刻として残したということは、チャールズ 2 世にとって、まさに理想の姿をした女性だったと言えるかもしれません。

ブリタニアとして描かれている彼女の姿をコインで見ることができますが、それほどの美女ならば、実物をぜひこの目で見てみたかったと思うのは私だけでしょうか。

好色家？　チャールズ 2 世

英雄を語る上で、よく言われるのが「英雄色を好む」という言葉。一般的に精力的な男性は、好色家だと言われますが、果たしてどうでしょうか。

チャールズ 2 世は、公認されているだけでも 13 人もの愛妾がいたとされています。そして彼女たちとの間に 14 人もの庶子を残しました。しかし、残念ながらポルトガルから迎えた王妃キャサリン・オブ・ブラガンザとの間には子どもができず、王位は弟のジェームズに譲ることとなります。

公認 13 人ということは、おそらくそれ以上に愛妾がいたことと思われます。一説には関係した女性は 40 人にも及ぶとも言われています。チャールズ 2 世はそれだけ男性としての魅力に長けていたということでしょう。男としては、うらやましいような気が、いや、複数の女性が顔を合わせたときのことを考えるとやはり大変かも…というのが正直なところでしょうか。

チャールズ 2 世の魅力をさぐる

あなたのまわりにもいませんか？　わりと好き放題なことを言ったり、思いのままに行動しているのに、なぜか憎まれない、それどころか人気がある男。不器用な私などは、はたから見ていてうらやましいなと思うばかりなのですが、どうやらチャールズ 2 世もこのタイプだったのではないか、と想像しています。

チャールズ 2 世の生涯をまとめた文章のところでも、少しふれましたが、

彼が王位についてからも、イギリスはペストの流行やロンドン大火に見まわれています。市井の人々が日々の生活もおぼつかないという状態なのに対して、幾人もの女性と浮き名を流している王様という構図。普通なら、市民から非難の声があがっても不思議ではありません。

　ところが、ことチャールズ 2 世に対しては、さほど市民の反感を買った形跡がないのです。

　一体なぜでしょうか？

非難されず歓迎されたチャールズ 2 世

　いくつか理由はあるようですが、まず父王のチャールズ 1 世が断頭台で処刑されるという衝撃的な最期を遂げたこと。このときのチャールズ 1 世の自らの死をも恐れぬ堂々としたふるまいが、市民に感銘を与えたと言われています。

　そして、その後に台頭してきたクロムウェルらの政治に対する不満、一定期間、国王が不在となったことに対する市民の不安感などの状況が、チャールズ 2 世が即位するまでに下地としてありました。ですから、チャールズ 2 世が即位する際には、市民が大歓迎したのです。

　チャールズ 2 世は、こうしたときの運も持っていたようですね。

　では、女癖のほうはどうでしょうか？　いくら王様といえども、そう手当たり次第に女性に手をだしているようでは……と、後世の私たちは思いがちですが、こちらも市民はおおらかに見まもっていたようです。

チャールズ 2 世の魅力とは

　その理由とは、彼の面倒見の良さ。13 人の愛妾との間に 14 人もの子どもをもうけたチャールズ 2 世ですが、どの愛妾に対しても終生きっちり面倒を見たそうです。また、子どもを産むことのなかった王妃キャサリンに対しては、真心をこめて丁重に扱いました。こうした人としての温かさが、チャールズ 2 世の人気の秘密だったのかもしれません。

　女性関係はともかく、人としてのまめまめしさは見習いたいものです。

故ダイアナ妃につながる物語

　正室のキャサリン・オブ・ブラガンザとの間に、子どもがなかったことから、チャールズ2世自身の血筋は王家に受け継がれることはありませんでした。しかし、不思議な縁が彼の血をふたたび王家へと誘うのです。その血筋を受け継いだ人物こそが、なんと現在の皇太子チャールズと結婚した故ダイアナ妃。

〔図表4　英皇太子ご夫妻のパレード〕

　　　　　　チャールズ2世の13人の愛妾との間に残した子どもの血が、4つの家系を経て、故ダイアナ妃へと受け継がれたのです。チャールズ皇太子との結婚の際には、現地イギリスでは、このことが大きな話題となりました。

　ダイアナ妃の気高く美しい姿と、その悲しい最期は、現代の私たちの記憶に今も強く刻まれています。チャールズ皇太子と離婚し、王室を離れた悲運のプリンセス。亡くなってから20年が経つ今も絶大な人気を誇っており、ダイアナが描かれたコインは、昨年度すさまじい値上がりを記録したものです。

　日本を訪れた際にも、連日テレビで報道されていましたが、ダイアナ妃の人を惹きつけてやまない魅力のどこかには、同じように人民の間で人気を博した祖先のチャールズ2世に通じるものがあるのかもしれないと思わされます。

戴冠式の出来事

　戴冠式とは、文字通り王が王家に伝わる王冠をかぶる儀式ですが、とても重要な意味を持っています。それは、王冠をかぶることによって、正式

に国の王として即位したことを内外に示す儀式となっているからです。

　ところで、チャールズ2世の戴冠式はというと……国を追われたり、逃亡生活を耐えたりと、チャールズ2世にとっては、苦労の末にようやく執り行えることとなった戴冠式。ところがなんと、おもわぬ事態により、最初に設定されていた日から延期をよぎなくされてしまいます。

売り払われた宝物

　それというのは、戴冠式に使われるべき宝物が、なくなっていたからなのです。じつは、父王チャールズ1世を追いやった革命軍を率いていたオリバー・クロムウェルが、戴冠式に使われていた宝物の多くを売り払ってしまっていたのでした。

　そのためチャールズ2世は、新しい宝物ができあがるまで、戴冠式が延期されるという憂き目に遭わされたのです。戴冠式の頃には、すでにオリバー・クロムウェルは、故人となっていましたが、死してなおチャールズの戴冠式を妨害することになったクロムウェル。もしかしたら、草葉の陰でほくそ笑んでいたかもしれません。

チャールズ2世の怨恨

　ちなみに、チャールズ2世は、父王を断頭台で殺害したクロムウェルらに対して、かなりの遺恨があったようで、すでに他界し埋葬されていた彼らの遺体をわざわざ掘り返し、絞首刑を科したのち、さらし首にしています。このさらし首ですがウェストミンスター・ホールの屋根に四半世紀もの間、掲げられていたというのですから、その恨みのほどが推し量られます。

　さらし首などと聞くと、日本の中世の侍たちの残虐な習慣などという印象がありますが、紳士の国イギリスにもこうした歴史の一幕があったのだなと思い知らされます。

　なお現在でも即位の際に戴冠式を行っているのは、イギリスのみだということです。ということは、次にこの儀式を行うのは、現在の皇太子、チャー

ルズということになりますが、いったいどれほど晴れやかな儀式になるのでしょうね。

紅茶文化を根づかせたイギリス

　イギリスの食文化を語る上で欠かせないのが、紅茶です。モーニングティーやアフタヌーンティーなど、イギリス人は、1日のうち何回となく紅茶のかぐわしい香りを楽しみます。

　ところで、イギリスに紅茶を飲む習慣が根づいたのはいつ頃かご存知でしょうか。最初にお茶が入ってきたのは、1650年代末頃。しかし、はるか東洋から運ばれてくるお茶は、あくまで貴重な品であり、貴族といえども1日に何度も口にできるようなものではありませんでした。

　ところが、チャールズ2世の王妃キャサリン・オブ・ブラガンザが、宮廷にお茶を楽しむ習慣を持ち込みました。それというのも、キャサリンは、ポルトガルのブラガンザ王家の娘。当時、イギリスに先がけて中国など東洋の国々と貿易を行っていたポルトガルでは、毎日のように紅茶を楽しむ習慣が根づいていたのです。

　輿入れしてきたイギリスでも、ポルトガルにいた頃の習慣をそのままに、貴重なお茶に砂糖を入れて毎日楽しんでいたといいます。彼女の元を訪れた貴族たちは、その紅茶に憧れをいだき、徐々にその習慣が貴族たちの間に広がりました。

　のちになるとイギリスの東インド会社が、お茶の輸入を独占することになりますが、そ

〔図表5　イギリスの食習慣。アフタヌーン・ティー〕

れは後の世の話。王妃キャサリンの元を訪れた当時のイギリス貴族たちは、ポルトガルの貿易先進国としての力をまざまざと見せつけられた格好だったのではないでしょうか。

ペストの大流行でロンドンの人口が激減

1665年、イギリスをペストが襲います。ペストは、別名黒死病とも言われ、体にペスト菌が感染することで発病する伝染病です。これ以前にも何度となく世界各地で流行を繰り返してきましたが、チャールズ2世の治政下での流行時には、

〔図表6　ペストで死屍累々となった街〕

ロンドンで7万人もの人が亡くなったとされています。

ちなみに、このとき、ケンブリッジのトリニティ・カレッジで学んでいたのが万有引力の発見で有名なニュートン。彼は、大学がペストの流行により休校になったのをきっかけに、故郷の田舎に帰省。そのときに微積分計算などの基本的アイデアを思いついたのだとか。そのため、この歴史的な発見はペストがもたらしたものだなどと言われています。

ペストといえば、日本人の北里柴三

〔図表7　アイザック・ニュートン〕

郎が 1894 年にペスト菌を発見したことにより、治療法が確立されました。ペストの流行により多くの人命が失われた昔と異なり、今のように医学が発達した時代に産まれたことに感謝したいと思います。

正直すぎる日記を残した官僚

　サミュエル・ピープスという名前を聞いたことはありますか？　仕立屋の子どもとして生まれたにもかかわらず、チャールズ 2 世の時代に官僚として活躍し、最後にはイギリス海軍の最高実力者にまでのぼりつめた人物です。

　とは言え、ただの官僚で終わったなら、彼の名はここまで後世に残らなかったかもしれません。彼の名を後世に伝えたのは、彼が記していた日記です。それもかなり赤裸々な内容のも

〔図表 8　サミュエル・ピープス〕

の。彼の日記は、好事家の間でも、奇書として知られています。

　というのも彼は、自分の死後にこの日記が公開されるなどとつゆほども考えていなかったようなのです。ですから、浮気のことや妻とのケンカ、自身の性生活のことまで、こと細かく記しています。

　たとえば、「なんとしてでも侍女をモノにしたい」と、言ったような欲望むき出しの記述を見ることもできますし、上官に賄賂を贈った話なども包み隠さず書かれています。誰にも読まれないことを前提に書かれていますから、それもむべなるかなといったところです。とは言え、やはり万が

一のことを考えて、彼はフランス語やイタリア語、ラテン語など多言語を使ったりしてまるで暗号のようにして日記を記していました。かなり用心深いですね。よほど、奥さんに読まれたくなかったのか、それともじつは小心者だったのでしょうか。

　ほかにも逆に奥さんの浮気を疑って、ベッドを探ったりする場面もあります。読んでいて思わず「自分のことを棚に上げて！　」と思わずツッコミを入れたくなりました。しかし、逆に憎めない人物だという思いもわいてきます。

　ただ、彼が残してくれた約 10 年にもおよぶ詳細な記述のおかげで、私たちは当時のロンドンの市民の暮らしや、宮廷の様子を事細かに知ることができます。これも彼の偉大な功績と言えるでしょう。

　最後に彼の名誉のために付け加えておきますが、彼は官僚としては有能だったようで、最後は海軍大臣の地位にまで上り詰めています。また、ロンドン大火の際には、火の延焼を防ぐ方法をチャールズ 2 世に進言したと伝わります。

　チャールズ 2 世自身もそうですが、王政復古の賑わいにわいていたこの時代の王宮には、人間味あふれる魅力的な人間が集まっていたのかもしれませんね。

　私自身は、これほど赤裸々な日記を残す勇気は持ち合わせていません。だからと言って、やましいことがあるわけではありません、念のため。

James II
ジェームズ2世

生没：1633年10月14日 - 1701年9月16日
在位：1685年2月6日 - 1688年12月1日

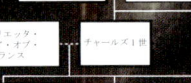

ジェームズ1世 ─ アン・オブ・デンマーク

ヘンリエッタ・マリア・オブ・フランス ─ チャールズ1世 エリザベス

キャサリン・オブ・ブラガンザ ─ チャールズ2世 メアリー・ヘンリエッタ ─ オラニエ公ウィレム2世（オランダ総督） アン・ハイド ─ ジェームズ2世 ─ メアリー・オブ・モデナ ヘンリエッタ・アン フィリップ1世 ソフィー

ウィリアム3世 ─ メアリー2世 アン ─ ジョージ・オブ・デンマーク ジェームズ ジョージ1世

チャールズ ヘンリー・ベネディクト

2. ジェームズ2世

　チャールズ1世とヘンリエッタ・マリアとの間に生まれたジェームズ2世。彼に先立って王位についていた兄、チャールズ2世が正室との間に子どもをもうけなかったことから、王位を継ぐことになります。しかし、イングランドの王として君臨したのはわずかな期間にすぎません。

　そして、ジェームズは、兄チャールズ2世と違って当時のイギリスではあまり人気がありませんでした。というのも、ジェームズ2世が、王座を明け渡すことになったきっかけは、名誉革命なのですが、この革命をイギリスの人々は偉業だと認識してきたからです。

ジェームズ2世の生涯

　そんな彼の生涯をかんたんに振り返ってみましょう。

　ジェームズは、幼い頃に清教徒革命が起こったことから、セント・ジェームズ宮殿に幽閉されていました。その間、何度も脱出を試みたと言われています。そして15歳の時に、女装してオランダのハーグへとのがれることに成功しました。翌年、父のチャールズ1世が処刑されます。

　兄チャールズ2世とともにフランスへと渡ったジェームズ2世は、この地で軍人としての才能を身につけます。その後、兄とともにヨーロッパの国々を転々としている間に最初の妃となるアン・ハイドと出会います。ほどなくして、イングランドの政権を握っていたクロムウェルが亡くなったことをきっかけに兄、チャールズ2世がイングランド王として帰還。ジェームズも晴れて故郷の地へと戻り、アンと正式に結婚しました。

〔図表9　アン・ハイド〕

兄チャールズ2世の治世下で、ジェームズはイングランド海軍を率いて英蘭戦争にのぞみ数々の戦果をあげます。とくに1665年には、オランダ海軍相手に大勝利をあげ、一躍英雄としてあがめられるようになりました。

カトリックを信仰したジェームズ2世

　そんなジェームズ2世ですが、兄のチャールズ2世とは異なり、彼の信仰心が原因となり市井の人々の心をつかむことはできませんでした。ジェームズは、カトリックを信仰していたのですが、当時のイングランドには、カトリックを信仰する王を認めない風潮があったのです。じつは、こうしたことを憂慮していた兄のチャールズ2世は自身のカトリック信仰を死の間際まで隠していました。しかし、ジェームズ2世は、最初の妃アンの死後にイタリアの名家からメアリー・オブ・モデナを妃として迎えます。

　メアリーがカトリック信者であったことから、国教会派の人々は、「将来彼らの間に生まれた王子がカトリックの王となるのでは？」と疑心暗鬼に。そこで、議会はジェームズの王位継承を阻止するための法案を提出したり、チャールズ2世の庶子であるマンマス公ジェイムズ・スコットを後継者にしようと画策しますが、いずれも失敗に終わります。

　やがて、1685年チャールズ2世の死を受け、ジェームズ2世が王位につきました。その後、マンマス公が反乱を起こしますが、ジェームズ率いるイングランド軍が勝利をおさめます。

〔図表10　メアリー・オブ・モデナ〕

ウィリアム3世の台頭と名誉革命

　やがてジェームズは、次第にカトリック信徒を重用しはじめ、逆に要職にあった国教会派を追い出しにかかりました。さらに、1688年には、王

妃との間に、王子が誕生します。この王子の誕生により、次の王もカトリック派になることに衝撃を受けた反ジェームズ勢力は、密かにオランダのオレンジ公ウィリアム3世につなぎをつけました。この人物は、ジェームズ2世の甥であり、かつ娘メアリーの婿でもあります。

　じつは、ウィリアム3世側にも思惑がありました。当時のヨーロッパ情勢を見てみると、フランスのルイ14世が強い存在感を示していました。フランスに対抗するには、イングランドの力が必要だとウィリアム3世は考えていたのです。反ジェームズ派との思惑が一致したことからウィリアム3世は、大軍を率いてイングランドに侵攻します。

　ところが、イングランド国内の人々は、すでにジェームズへの忠誠心をなくしており、ウィリアム3世はほとんど抵抗を受けずにロンドンへと至ります。自らの敗北を悟ったジェームズはフランスへと亡命します。

　ほとんど血を流すことなく成し遂げられたことから名誉革命と呼ばれるこの革命。自らの宗教に固執しすぎたジェームズがもう少し、兄のチャールズ2世のように上手く立ち回っていれば、歴史はことなった方向に動いていたのかもしれないと思わずにはいられません。

　長い間、名誉革命を果たしたウィリアム3世の敵役として低い評価を与えられてきたジェームズ2世ですが、最近になってその評価を見直そうという動きもあるようです。

　とは言え、頑固な性格や自分の意にそわない人間は、すぐに排除したがるなど、冷酷な面も垣間見えるジェームズ2世。兄のチャールズ2世とはある意味対照的な性格だったのではないでしょうか。こうした部分が、人々の心を離れさせた原因となったと思われます。

〔図表11　名誉革命（オランダ、ゼーラント州に到着したウィリアム3世）〕

William III & Mary II
ウィリアム 3 世とメアリー 2 世のコイン

　歴代の王の中でも、あまり人気がなかったジェームズ 2 世。彼の肖像を刻んだコインもさほど人気がないのかと思いきや、そうではありません。じつは、彼が王座についていたのは、わずか 3 年とひじょうに短い期間に限られています。そのため、発行されたコインの数自体が少なく、希少価値が高くなっているのです。

　更に、チャールズ 2 世にも見られた『象と城（エレファント＆キャスル：Elephant & Castle）』の刻印がコレクター魂をそそられます。この刻印の有無の違いがコレクターの人気を分けるほど。もちろん人気は『象と城（エレファント＆キャスル：Elephant & Castle）』の刻印が入ったもの。その人気は価格にも表れています。

　たとえば、1688 年に発行された 5 ギニー金貨。月桂冠をつた左向きの肖像が刻まれたコインは、産地マークの象と城が入ったもので、ＡＵグレードのコインですと、約 900 万円〜 1,000 万円もの高値で取引されています。

　表面の肖像は、前王であるチャールズ 2 世とは逆の左向きに描かれて

〔図表 12　1688 年ジェームス 2 世 5 ギニー金貨　エレファント＆キャスル〕

いますが、顔の形やつくりは、やはりどことなく兄に似ているような気がします。

　裏面には、4 つの盾が配置されていますが、それぞれイングランド、スコットランド、フランス、アイルランドの紋章をデザインしたものです。おなじく 4 本の笏が配されていますが、それぞれの頭に宝珠、アザミ、百合、ハープが描かれています。

　わずか 3 年間という短い期間であっても、イングランド王としての地位ゆえに、コインの価値はこれほどまでに高くなるのです。

最初の妃との結婚に二の足を踏んだ理由とは

　さて、ジェームズとその最初の妃となったアン・ハイドですが、2 人の出会いには、次のようなエピソードが残っています。母の亡命先で侍女として働いていたアンと顔を合わせたジェームズは、最初、この女性にほとんど興味を示さなかったといいます。ところが 2 年後、姉の館を訪ねたとき、アンに再会したジェームズは、なぜかアンに夢中になり関係をせまります。

　一体その 2 年の間にどういった心境の変化があったのか、記録には残っておりませんから、ぜひジェームズ本人に確かめてみたいところです。

　しかし、正式な妃としての申し込みではなかったことから、アンはその

申し出をこばみます。すると、ジェームズは「2人の間に生まれる子ども
は、王政復古後イングランドの法律により嫡出子として認める」とのお墨
付きを与えるのです。

　その言葉に安心したのか、アンは、ジェームズを受け入れ、翌年には、
アンが妊娠します。ところが、そのときになってジェームズは正式に結婚
することをためらうのです。おそらくアンの身分が平民であることが、気
になったものと思われます。しかし、こと女性の処遇に対しては、一本
筋を通したがる兄のチャールズ2世がジェームズに結婚すべきだと諭し、
ようやく2人は結婚することになるのです。

　ところが、2人が正式に結婚するきっかけとなった子ども、チャールズ
はわずか1歳の幼さで天然痘により夭折してしまいます。しかしその後、
アンが産んだ長女のメアリーと次女のアンは、のちにイングランドの王位
を受け継ぐことになります。

　目をつけた女性をモノにするためには、都合のいい口約束をして、いざ
となると結婚をためらったジェームズ。このエピソードからも、兄とは違
い、どこか身勝手さが見え隠れするように思えてなりません。

謎とされたジェームズ2世のカトリック信仰

　人の使い方や女性の扱いに対しては、あまり評判がかんばしくない
ジェームズ2世ですが、1つだけ彼が守り通したものがあります。それが、
カトリック信仰です。結果として、ジェームズ2世は、カトリックを信
仰していたことが、王位を追われる原因となりました。

　しかし、幼い頃はプロテスタントを信仰していたドーセット伯アン・ク
リフォードに育てられていたジェームズ。それなのに、なぜ彼がカトリッ
クを信仰するに至ったのか、それが大きな謎だとされています。

　彼の人脈をたどってみると、兄のチャールズ2世は、カトリックを信
仰していましたが、そのことを周囲にひたかくし、最期死の床でようやく
自らの信仰心を告白したと伝わります。カトリックに反感をもつ人々に配
慮していた格好です。若い頃から、逃亡生活を余儀なくされた兄弟ですか

ら、ジェームズが兄から影響を受けた可能性も否定できません。しかし、兄とちがって、ジェームズは自らの信仰心をまったく隠そうとはしませんでした。そういう意味では彼は、確固たる信仰心を持っていたと言えるのかもしれません。

また、彼の最初の妻であるアン・ハイドは、わずか 34 歳の若さで亡くなりましたが、その 1 年前にカトリック教徒となりました。ジェームズがカトリック教徒となった理由の 1 つに、アンの存在を指摘する学者もいます。

なぜ、ジェームズは、プロテスタントではなくカトリックを信仰したのか、その理由は明確にはわかりません。しかし、たとえ王位を失おうとも自らの信仰を捨てなかったジェームズは、こと宗教に関しては、信念をもった王様だったのかもしれませんね。

ジェームズの女性に対する趣味嗜好

兄のチャールズ 2 世は、女性関係で派手に浮き名を流しましたが、血は争えないと申しますか、じつはジェームズ 2 世も兄に負けず劣らずの女好きだったようです。しかも、彼は一風変わった趣味を持っていたようで、いわゆる美女には見向きもしなかったと言われます。よく言えば個性的な女性に魅力を感じるタイプ。悪く言えば好みが変わっていると表現してもいいのかもしれません。

そんな彼の女性観をよく示しているエピソードをご紹介しましょう。ある日、貴族たちと狩猟に出かけたジェームズの目の前で、1 人の女性が落馬します。そのとき、彼女の脚が貴族たちの目に触れるのですが、彼らはその美しさに一様に息を飲んだそうです。

ただし、普段のその女性は、やせている上に血色も悪く、とても恋愛対象にはならないタイプでした。そんな外見の彼女が、意外にも美しい脚を持っていたことから、ジェームズのハートに火がついたようです。その出来事がきっかけで、美しい脚の持ち主、アラベラ・チャーチルは、ジェームズの愛人となるのですから、不思議なものです。

彼女以外にも、ジェームズが寵愛した女性は、外見の美しさよりも才気

〔図表 13　アラベラ・チャーチル〕

にあふれていたり、機知に富んでいるといったタイプだったようです。しかし、そうは言っても、ジェームズの女遊びは、人妻や兄の愛妾、妻の侍女と、まさに手当たり次第のやりたい放題。これを揶揄して、「兄のチャールズは美食家だが、ジェームズは大食漢」と、うわさされたとも伝わります。

　女好きという共通点はあるものの、2人の趣味嗜好はかなり異なっていたようですね。

二大政党制の原点

　イギリスやアメリカ、カナダ、オーストラリアといった国々に共通する政治体制といえば、二大政党制であることです。二大政党制をとることのメリットは、2つの政党による政策論争が国民にもわかりやすいという点があげられます。じつは、二大政党制の原点をさかのぼると、ジェームズに行き着くのです。

　チャールズ2世の王位継承をめぐり、イングランド議会は、弟のジェームズを認める賛成派と、認めない反対派の2つに割れました。その中で、ジェームズの王位を認めようとする人達のことを反対派が「トーリー」と呼んだことがトーリー党の始まりとなりました。一方、反対派の人々は賛成派から「ホイッグ」というあだ名をつけられました。

　ちなみに「トーリー」は、アイルランド語でならず者とか、盗賊という意味。「ホイッグ」のほうは、謀反人とか馬ドロボウという意味。まるで、子ども同士が悪口を言い合っているみたいですが、なんとこのトーリー党とホイッグ党という党名は、その後1800年代まで受け継がれています。そうなってくると、昔の人というのは、逆にふところが広かったのかもしれないと思えてくるから不思議です。

William III
ウィリアム3世

生没：1650年11月14日 － 1702年3月8日
在位：1650年11月4日 － 1702年3月8日）（オラニエ公）
　　　1672年6月28日 － 1702年3月8日）（オランダ総督）
　　　1689年2月13日 － 1702年3月8日（イングランド王・スコットランド王）

Mary II
メアリー2世

生没：1662年4月30日 － 1694年12月28日
在位：1689年2月13日 － 1694年12月28日

3. ウィリアム3世 ＆メアリー2世

共同統治という形をとった夫婦王

　ウィリアム3世とメアリー2世は、名誉革命にて、ジェームズ2世をイングランドから追いやった後、共同統治という形で王位につきます。

　まずは、2人の血縁関係を整理してみましょう。ウィリアム3世の父は、オランダ総督ウィレム2世、母はチャールズ1世の王女メアリー・ヘンリエッタ・ステュアートです。いっぽうメアリー2世の父は、ジェームズ2世、母はアン・ハイド。つまりこの夫婦は従兄妹同士の関係であり、またジェームズ2世は、甥と実の娘に王位をうばわれたことになります。

　じつは名誉革命に至るまでには、ウィリアムの用意周到な下準備が行われていました。オランダ総督を務めていたウィリアムは、かねてからルイ14世率いるフランスに対抗するためには、イングランドの力が必要だと考えていたのです。

　そこで、カトリック信仰を持つジェームズに不満を感じるイングランドの有力者と密かに連絡を取っていたのです。ウィリアム自身は、数々の戦で戦果をあげている上に、メアリー2世ともどもプロテスタントを信仰していたことから、イングランド国内にも、2人を歓迎する空気が醸造されつつありました。このことから、ウィリアム3世は、ほとんど苦労す

〔図表14　ウィリアム3世とメアリー2世〕

ることなく名誉革命を成し遂げるのです。

　名誉革命を成し遂げたとは言え、ウィリアムはオランダの総督であり、イングランド側からみれば外国の人間。そのためイングランドの人々は、ジェームズ2世の娘であるメアリー2世のみが即位することを希望していたのですが、それにウィリアムが不快感を示したことから、共同統治という形に落ち着きました。これはイギリス王室の歴史上はじめてのことであり、以降もこのような形での統治は行われませんでした。

君臨すれども統治せず

　ウィリアムが王位につくために、議会が権利章典を法律として成立させます。これが、今日まで続くイギリス国王の「君臨すれども統治せず」という政治的スタンスの原点となったのです。

　さて、夫婦でイングランドを治めることになったウイリアムとメアリーですが、ジェームズ2世の反乱や、スコットランドの反乱のほか、本国オランダとフランスの戦争など次々と起こる紛争に対応しなければなりませんでした。そのため、ウィリアムが出陣している間は、メアリーがイングランドを治めていましたが、彼女はすぐれた政治手腕を発揮したと言われています。

ウィリアム3世＆メアリー2世の晩年

　しかし、ウィリアムとメアリーの間に子が生れなかったことから、次の王位はメアリーの妹のアンが継ぐことになりました。この姉妹、土地の所有や財産分与をめぐって長じるほどに折り合いが悪くなりました。これにはウィリアムも悩まされたと伝わります。

　メアリーが天然痘で亡くなってからは、ウィリアムが単独で統治しますが、やがて次期王位継承者のアンとも和解しました。メアリーが亡くなってから8年後、ウィリアムも乗馬中の事故が原因で亡くなります。こうして、イングランド史上例をみない夫婦での共同統治が終わりを告げたのです。

William III & Mary II

ウィリアム 3 世とメアリー 2 世のコイン

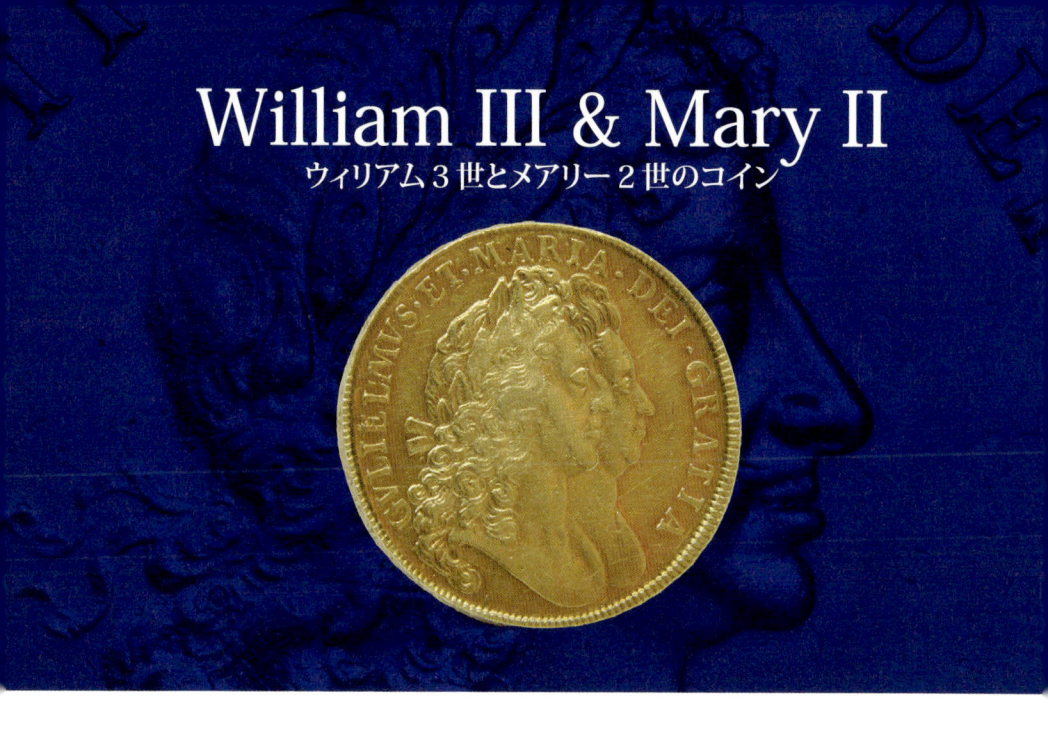

貴重な夫婦が並んでの肖像

　1692 年に発行されたコイン。共同統治をした 2 人らしくコインにも右をむいて肩を並べるウィリアムとメアリーの肖像が刻まれています。裏面には王冠を抱くホタテ貝の飾りの四分割イギリス紋章を配置。中央には、ドイツのナッサウ家のライオン盾の紋章や 7 本弦のアイルランドハープなどが描かれています。

〔図表 15　1692 年ウィリアム＆メアリー 5 ギニー金貨〕

浅い彫りで状態の良いものが少なく、デザインの珍しさもあいまって、価格を押し上げています。

　2人が同じほうを向いている肖像ですが、じつはこの2人、結婚当初はさほど仲がよくなかったと伝わっています。原因は、ウィリアムの容姿。並んで立つとメアリーのほうが背が高いうえに、ウィリアムは猫背だったのです。さらにウィリアムには、同性愛の傾向もありました。

　しかし、イングランドをともに治めるうちに徐々に2人の関係も良くなり、死の床で、メアリーは自分の死後もウィリアムが単独で国を治めることができるようにとわざわざ遺言を残しています。

　政略結婚で結ばれた2人とは言え、イングランドの統治という大きな共通の目的をもった夫婦だからこそ、年月を経るごとに強い絆が結ばれていったのかもしれません。このコインの2人の横顔を見るとそんな思いがわいてきます。

暗殺者はモグラ？

　ぜんそく持ちだったウィリアム3世は、空気の悪いロンドン市内ではなく、ケンジントン宮殿やハンプトン・コート宮殿で過ごすことが多かったと言われています。そんなある日、ハンプトン・コート宮殿で乗馬中に不幸な出来事が彼を襲います。

　なんと、彼が乗っていた馬が、モグラの穴に脚を取られてしまい、落馬してしまうのです。打ち所が悪かったのか病の床につき、さらには肺炎も発症してしまい約2週間後に亡くなります。

〔図表16　セント・ジェームズ・スクエアのウィリアム3世像〕

ウィリアムを嫌っていたジェームズの支持者たちは、この穴を掘ったモグラを「黒いベルベットの小さい紳士」ともてはやしたとか、さらには、モグラを称讃する歌までが流行ったと言われています。そして、イギリス流ブラックユーモアはこれだけでは終わりません。約100年後に建てられた彼の銅像の馬のひづめの近くに、なんとそのもぐら塚が再現されているというから驚きです。ロンドンのセント・ジェイムズ・スクエアを観光する機会があれば、私もその銅像をこの目で見てみたいものです。

それにしても、思いのままに権勢をふるい太陽王とまであだ名された、かのルイ14世率いるフランスとの戦いに勝利したほどの戦上手なウィリアムだったのに、小さな一匹のモグラに文字どおり脚をすくわれるとは、人生どこに落とし穴があるかわからないものです。

伊達男と美青年の決闘の真相

1694年、ロンドンで1人の若い美青年が命を落とします。彼の名は、エドワード・ウィルソン。いっぽう彼を殺した決闘の相手は、ジョン・ロウという男。酒の席でのケンカ、あるいは男同士の決闘とみられたこの事件、じつは裏で手を引いていた女性がいました。しかもその女性は、なんとウィリアム3世の愛妾だったというからおだやかではありません。

〔図表17　エリザベス・ヴィリアーズ〕

彼女の名は、エリザベス・ヴィリアーズ。ウィリアムの王妃メアリーの付き人だった彼女は、さほど美人ではなかったということですが、なぜかウィリアムの愛妾となり、名誉革命の際には、王夫妻についてまたロンドンへと戻ってきます。

そこで、エリザベスは、当時しゃれ男ともてはやされていた美男エドワー

ド・ウィルソンと出会います。しかし、そこは王の愛妾という立場、人に
知られてはまずいので、覆面のまま会い、その後も覆面姿で逢い引きを重
ねていました。

　ところが、とあるパーティーで2人が偶然顔を合わせることになるの
です。

　このときは、覆面なし素顔ままその場を楽しんでいたエリザベス。もち
ろん、エドワードのほうは、エリザベスが自分と逢い引きを重ねている相
手だなどとは、気づくはずもありません。このまま、エドワードが何も気
づかずにいれば、よかったのですが……。運命は、皮肉なワナをなげかけ
るのです。

バレてしまった浮気と女性の怖さ

　エリザベスと握手をしたエドワード、その手の感触から、彼女こそ逢い
引きの相手だと気づいてしまったのです。それでも、そのことを口にしな
ければよかったのかもしれません。ところが、彼はうっかり、自分が彼女
の正体に気づいたことを告げてしまうのです。これが彼の運のつきでした。

　そのパーティーにたまたま出席していたジョン・ロウにエドワードを殺
害するよう依頼するのです。なぜ、彼女が裏で手を引いていたことがばれ
たかというと、十数年後に彼女とエドワードが交わした手紙が発見された
からなのです。悪事は千里を走るということわざを地で行くかのようでは
ありませんか。

　それにしても、多額の金銀を与え、寵愛していた若い美男子を自分の悪
事がばれそうになったからと、口封じのためにあっさりと殺害するあたり
女性の恐ろしさをまざまざと見せつけられる心地がします。

Anne
アン

生没：1665 年 2 月 6 日 – 1714 年 8 月 1 日

在位：1702 年 3 月 8 日 – 1707 年 5 月 1 日（イングランド・スコットランド女王）
　　　1707 年 5 月 1 日 – 1714 年 8 月 1 日（グレートブリテン女王）

4. 次々と子どもに先立たれた悲運の女王 アン女王

　ジェームズ 2 世とアン・ハイドの次女として生まれたアンは、姉のメアリーとともにプロテスタントとしての教育をうけて育ちます。そのため、姉の後をついで王位につくこととなりました。

　じつは、アン女王は幼少期には読書や芸術よりもスポーツや乗馬など体を動かすことを好んだと伝わっています。

　1683 年にデンマーク王フレデリク 3 世の次男、ゲオルグと結婚。とても夫婦仲がよく、なんと生涯で 17 回も妊娠しています。ところが、不幸なことにそのうち 6 回は流産、6 回は死産でした。しかも無事生まれた子どもたちも短命で、唯一 11 歳まで生きたウィリアムまでもが、猩紅熱で落命してしまうのです。

　前章で触れたように、姉夫婦ウィリアム 3 世と姉メアリー 2 世も同じように子どもがなく、そのためアンが王位を継承することになったのですが、結局、彼女の血を継ぐ子どもが育たなかったため、彼女自身の死をもってステュアート朝は断絶してしまいます。

アン女王の即位

　さて、早くから次の女王候補となっていたアンですが、ウィリアム 3 世とメアリー 2 世の治世中に、姉のメアリーとの関係をこじらせてしまい、一時は宮殿を出て暮らしていたこともあります。メアリーが亡くなった後は、義兄のウィリアムと和解し、セント・ジェームズ宮殿へ入りました。1702 年ウィリアム 3 世の死去に伴い、アンは女王として即位します。

　彼女の治世においても、ヨーロッパは戦争が続いていました。中でも1702 年から 1713 年にかけての、北アメリカの植民地におけるイギリスとフランスの戦いは、アン女王戦争と彼女の名が付けられています。

グレートブリテン王国誕生

　この戦争中に、イギリスの歴史上大きな出来事が起こります。それが、1707 年のイングランドとスコットランド両国の連合です。ジェームズ 1 世以来、約 100 年にわたって両国は、同じ王を戴く同君連合を結んできたのですが、これをもって正式統合されたグレートブリテン王国が誕生したのです。

　それまで「Queen of England,Scotland,France and Ireland」だった国王の名称が「Queen of Great Britain,France and Ireland」とあらためられました。そして、アン女王は、グレートブリテン王国の最初の君主ということになったのです。

　とは言え、スコットランドはそれ以降もイングランドに対して強い対抗心を持ち続けており、つい最近、2014 年にイギリスからのスコットランド独立の是非を問う住民投票が行われたのは、私たちの記憶に新しいところです。

ステュアート家からハノーヴァー家へ

　後年、アンに子どもがいないことから、後継者問題がもちあがりますが、ステュアート家の血をひき、なおかつプロテスタントであるアンの曾祖父ジェームズ 1 世の外孫ソフィアの子孫が継承者となることを定めた王位継承法が議会で制定されました。

　アンの死後、本来であればソフィアが王位を継承するはずでしたが、折悪しくソフィアはアンより 3 か月ほど早く他界していました。

　そこで、ソフィアの長男であるハノーヴァー選帝候ゲオルク・ルートヴィヒがジョージ 1 世として即位することとなりました。これにより英国王室は、ステュアート家からハノーヴァー家へとドイツ色の濃い王室に変化を遂げるのです。

　アン女王の胸像の下に刻まれた VIGO の文字が目印。左向きの肖像に描かれている、まるで何かを凝視するかのようにまっすぐな視線が印象的なコイン。彼女が見つめているのは、英国の未来でしょうか、それとも自ら

Anne
アン女王のコイン

よりも先に天国へと召されていった 18 人の子どもたちのまぼろしでしょうか。

　子どもたちを次々と亡くした悲しみから酒におぼれ、王位についたときにはすでに肥満のあまり歩くこともままならない様子だっと伝わります。

〔図表 18　1703 年アン女王 5 ギニー金貨 VIGO 現存数 20 枚〕

そのような彼女が背負った過酷な背景を知って、彼女の横顔を見ると、どこか悲しみをただよわせつつも、自らの運命にあらがおうとしているような強さも垣間見えるように思えるのです。また、ゆったりとした体型を彷彿させる豊かな胸まわりに惹かれる男性コレクターが多いのも事実です。母の温かさと強さを兼ね備えているように思われるからでしょうか。

　このコインには、3タイプのバリエーションがありますが、いずれも入手困難、人気も高い逸品です。

ブランデー・ナンとは何でしょう？

「ブランデー・ナン」じつはこれアン女王のあだ名なのです。アン女王は、ブランデーが大好きだったことから、人々にこう呼ばれました。セント・ポール寺院前にはアン女王の大きな彫像が建っていますが、当時その像の下には「ブラディー・ナン」と呼びかける彼女を揶揄するような歌が書き込まれていたと伝わります。

〔図表19　アン女王〕

　それにしても、肖像画やコインに刻まれた肖像をみてもかなりふっくらとした体型ですが、それもそのはず。彼女は、かなりの肥満体質で、どこに行くにも輿を使っていたそうです。肥満体質なのに、歩かないのですから、今でいうメタボ体型まっしぐらですよね。あげくのはてには、晩年はまったく歩くことができないほど太ってしまったそうで、なんと、亡くなったの棺桶の形は、ほぼ正方形に近いものだったとか。

　原因は、皆様もご想像の通り、ブランデーの飲み過ぎではないかと言われています。しかし、一説には彼女の酒好きは、次々と子どもを亡くしてしまった悲しさをまぎらすためだったとも伝わります。そう聞くと、同情

もわいてきますし、なにより女王という地位にある人でも寂しさをまぎらす相手がお酒だというのは、私たちと同じなんだなと共感を覚えずにはいられません。

アンとサラの友情と有能な軍人

　子どもの頃からアンの遊び相手だったサラ・ジェニングスという女性は、長じてアンの世話係となります。時には同性愛関係では？　と色眼鏡で見られるほどに、たいへん仲がよかったようです。

　アンが女王に即位したおりには、サラは女官長に任命されました。さらにサラの夫、ジョン・チャーチルは、イングランド軍総司令官に任命されます。ところが、ジョンは前王の時代から続いていたスペイン継承戦争で、フランスの大軍をやぶるという戦果をあげます。お気に入りのサラの夫だからと重用したジョンが、フランス軍に勝ってしまったのですから、アン女王にとっては棚からぼた餅といった感がなきにしもあらずです。

　この戦果に対して、アンは6万平方キロメートルもの広大な広さを持つブレナム宮殿を褒賞として与えています。ただしあまりの広大さゆえ、完成まで17年もの歳月を要しました。そのため当のジョンは完成を見ることなく亡くなってしまいます。アン女王の太っ腹ぶりが、かえってアダとなってしまったような気がしないでもありません。

　ところで、このチャーチルという名を聞いて、とある名前が浮かんできませんか？

チャーチルとダイアナ妃の先祖

　ジョンは、その才覚により初代マールバラ公爵に叙せられましたが、のちにこの名家は、スペンサー・チャーチルという姓にあらためています。チャーチルと聞いて思い浮かぶのは、第二次世界大戦の頃にイギリス首相をつとめていたウィンストン・チャーチル。彼は、この家の分家の出です。

　また、ジョン・チャーチルの血をひくジョン・スペンサーの子孫がのちにスペンサー伯爵家をおこしますが、その子孫からダイアナ妃が生まれて

います。ウィンストン・チャーチルも
ダイアナ妃も先祖をたどるとジョン・
チャーチルに行き着くのです。

　ところで姉妹よりも仲がよいと言わ
れていたアン女王とサラですが、晩年
は入閣人事などをめぐり次第に仲違い
をするようになりました。実の姉、メ
アリーが亡くなるまでケンカしつづけ
たアン女王ですが、姉妹のように慕っ
ていたサラとも同じように最後はケン
カ別れをしてしまっています。してみ
ると、アン女王は人の縁に薄い女性
だったのかもしれません。

〔図表20　若かりし頃の
ウィンストン・チャーチル〕

アン女王戦争

　アン女王の名がつけられた戦争があります。1702 年から 13 年にかけ
て、アメリカ植民地で行われた戦争です。きっかけはフランスのルイ 14

世が自分の孫をスペイン王の継承者にたてたことに反対したイギリス・オランダ・神聖ローマ帝国とのスペイン継承戦争でした。スペイン継承戦争から遅れること1年、アメリカ大陸でもイギリスとフランスとの覇権争いが起こります。これがアン女王の名を冠したアン女王戦争です。

　イギリス軍が戦闘を優位にすすめ、1713年のユトレヒト条約をもって講和が成立。イギリスは、ハドソン湾地方やニューファンドランドといった土地を獲得したほか、それまでスペインが持っていたアフリカ黒人奴隷専売権であるアシエントを獲得しました。この勝利が、その後のイギリスの海外への足がかりとなり、大英帝国の繁栄へとつながることになるのです。

　こうしてみると、アン女王自身は、さほど政治に手を出していないにもかかわらず、彼女の治世下で、大英帝国繁栄の足がかりが築かれたり、イングランドとスコットランドが連合してグレート・ブリテンとなったりと、歴史の転換点となる出来事が起こっています。一説には、イギリスは女王が治めているときに繁栄するともいわれています。歴代女王の中でどちらかというと知名度が低いアン女王。個人的な感想ですが、彼女の時代にも、女王繁栄説が当てはまるのだなと思いました。

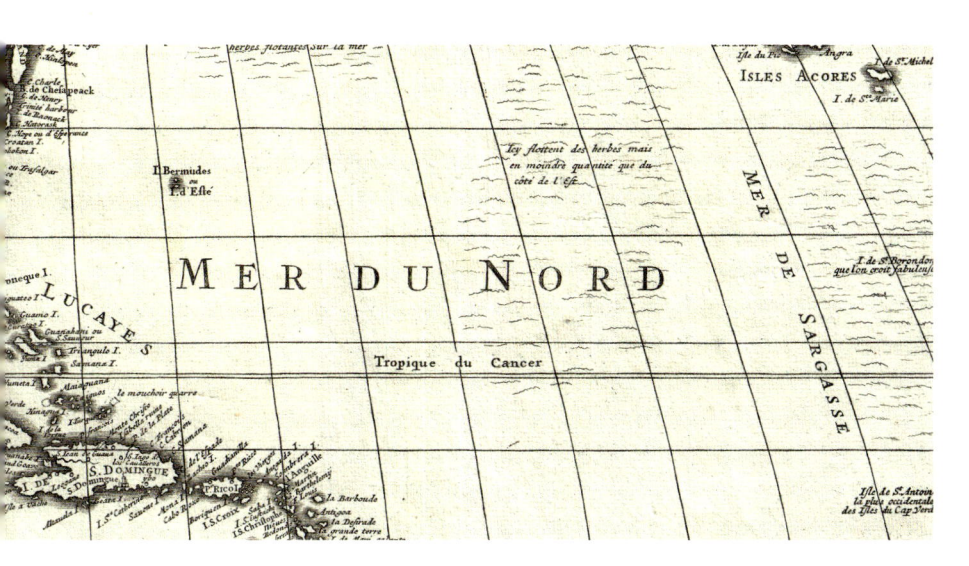

George I

ジョージ1世

生没：1660年5月28日 – 1727年6月11日
在位：1714年8月1日 – 1727年6月11日（グレートブリテン王）
　　　1698年1月23日 – 1727年6月11日（ハノーファー選帝侯）

5. ハノーヴァー家の 初代王 ジョージ1世

　もともと「高い堤」の語源をもつハノーヴァーは13世紀頃から徐々に栄えだしたドイツのライネ河畔の町です。1692年ハノーヴァー公エルンスト・アウグストが選帝候となったことから、この地はブラウンシュヴァイク＝リューネブルク選帝侯国となりました。

　ところで、この「ブラウンシュヴァイク＝リューネブルク選帝侯国」という地名ですが、長いと思いませんか？　読んでいても、思わず舌をかんでしまいそうです。

　地名が長すぎるから、というわけでもないとは思いますが、首都がハノーヴァーにあったことから一般的にハノーヴァー王国と呼ばれることが多いようです。

ジョージ1世の誕生

　さて、初代ハノーヴァー選定公エルンスト・アウグストとその妃ゾフィーの長男として生まれたのが、この項の主人公であるゲオルグ・ルートヴィヒです。ジョージ1世はどこに行ったのかとご心配の方もいらっしゃるかもしれませんが、ご安心ください。ゲオルグ＝ジョージ、ゲオルグはドイツ語風の読み方で、これが英語風になるとジョージとなるのです。

〔図表21　ジョージ1世〕

　しかし、もう1つ気がかりなことがあります。ドイツ風というよりは、ゲオルグは、ほぼドイツ人ではないかという懸念です。そのとおり、じつ

はジョージ1世は、英語をほとんど理解できなかったと伝わります。

　そんな人物が、イギリスの王になることをイギリスの人々はすんなり受け入れることができたのでしょうか？　アン女王の項でお示ししたように、ジョージが次のイギリス国王になることは、王位継承法という法律で決められていました。

　この法律は、「スチューアート家の血をもち、かつプロテスタントであるゾフィーの子孫のみが国王となることができる」と定めたものでしたから、彼が国王になることは既定路線ではありました。

　しかし、イギリス国民たちは、かならずしもジョージを国王として迎え入れることに大賛成という空気ではなく、さらにジェームズ2世の直系男子こそ正統な国王であると主張するジャコバイト勢力にいたっては、彼の暗殺をもくろんでいたともいわれています。当然、そのことを知っていたジョージはロンドン行きを渋ります。

　すると、困ったのはイギリス政府や議会のほうです。慌ててジョージを迎えるための根回しをはかりました。その結果、ジョージは目立った反対を受けることなくロンドンへ入ることができたのです。ジョージ1世として即位した彼は当時、54歳でした。

〔図表22　ジョージ1世〕

王は君臨すれども統治せず

さて、ジョージ1世は、トーリー党を排除して、ホイッグによる内閣を発足させています。そして政治は彼らにゆだね、それ以降、イギリスの国内政治にはあまり積極的に関わりませんでした。

1715年に起こったジャコバイトの乱を制してのちは、政治をサー・ウォルポールらにまかせハノーヴァーとロンドンを行き来していましたが、どちらかというとハノーヴァーに滞在することのほうが多かったようです。

その結果、ウィリアム3世時代から続く「王は君臨すれども統治せず」の傾向がより顕著となり、責任内閣制が発展することになりました。

そんな彼の最期ですが、少し背筋がゾクッとするような話が伝わります。1727年、ハノーヴァーへ向かう馬車の中へ、一通の手紙が投げ込まれました。その手紙とは、1年半前に亡くなった妃ゾフィアの遺言状だったのです。

のちほどご紹介しますが、ゾフィアは、ジョージ1世により、なんと32年もの間、城に幽閉され続けていました。遺言状には、そのことに対する恨みなどが綴られていたといいます。その手紙を目にしたジョージは恐怖のあまり心臓発作を起こし、それから9日後、急逝してしまうのです。なんとも不思議な話です。

ジョージ1世に対するイギリスの人々の人望は薄かったようですが、なにせけっこうな高齢でドイツから来た王様です。あまりイギリス政治に手を出しすぎず、イギリスのことはイギリスの政府に任せたことがかえってよかったのかもしれません。

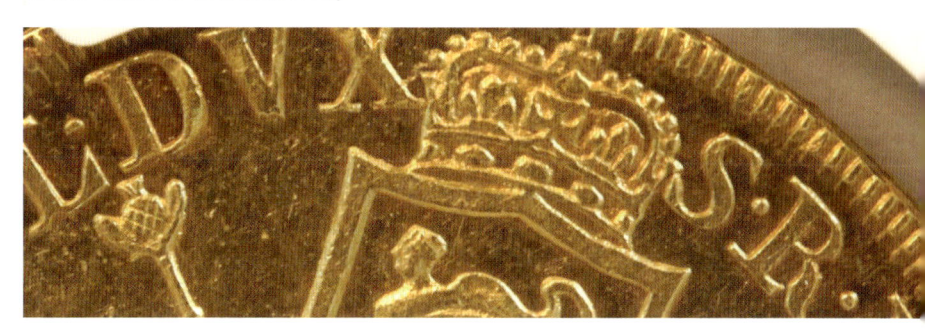

George I

ジョージ1世のコイン

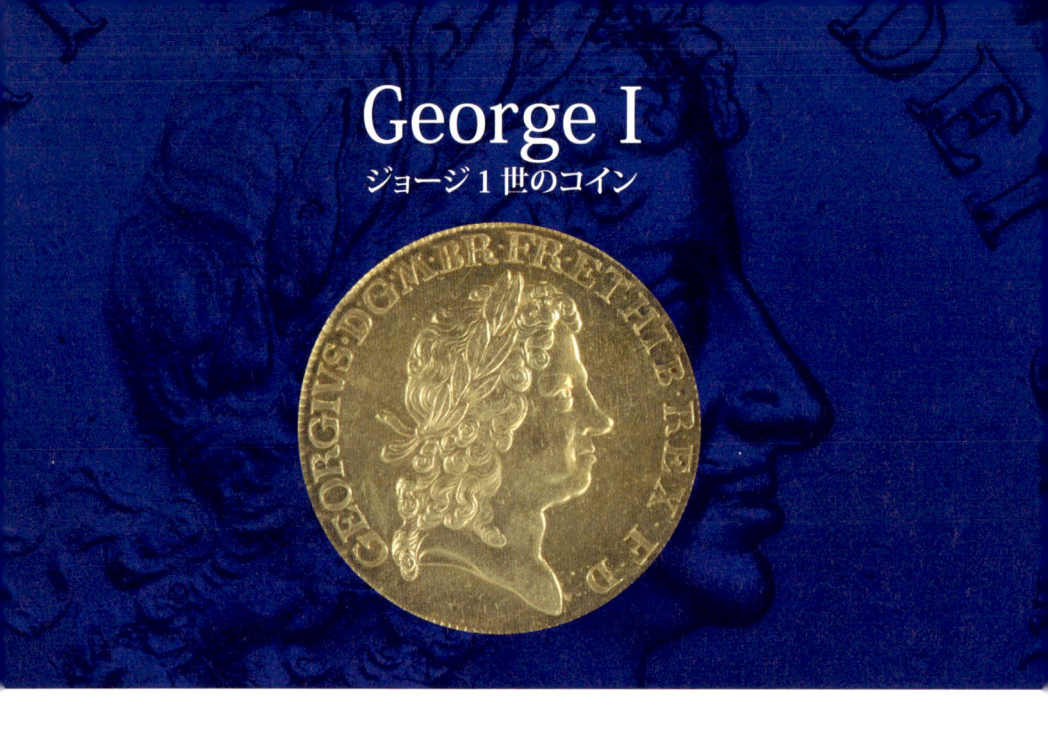

　1716年に発行されたジョージ1世のコイン。右向きの頭像が彫刻されていますが、やはり即位した年齢が年齢だったせいか、肉付きもやわらかく、全体的にまるみをおびた横顔が印象的です。

　裏面には、イングランド、スコットランドの連合、フランス、アイルランドにくわえてドイツハノーヴァーの盾が新たに付け加えられました。

　ジョージ1世は、54歳で即位してから67歳で急死するまでのわずか13年間の王座でした。そのためコインの発行数も少なく、また現存する鑑定コインも少ないのが現状です。AUグレードでも、手に入ればラッキーと思っていただければよいかもしれません。

〔図表23　1717年ジョージ1世5ギニー金貨〕

ジョージ1世がイギリスで不人気だった理由

　王位継承法により、イギリス王となったジョージ1世ですが、まず最初に彼が軍人として、とても優秀な素質を持っていたことに言及しておきたいと思います。しかしながら彼のイギリスでの人気は今1つでした。ここでは、その理由を順に探ってみたいと思います。

　まずは、何と言ってもドイツからやってきたいわば外国人の王様であること。しかも彼は生涯を通じて英語をほとんど話せなかったといいます。自分たちの王様が自分たちと同じ言葉を話さないのですから、親しみを感じろというほうに無理があるのかもしれません。

　次に、彼自身の魅せ方です。1714年、イギリス王となるべくハノーヴァーからロンドンへとやってきたジョージ1世が連れてきたお付きの者は、わずか100名ほどだったといいます。それが、王家の華美さを好んだロンドン市民たちを「貧相だ」と、あきれさせたのです。

　また、ジョージは、この頃にはすでに離婚してはいましたが、絶世の美女と名高い王妃ゾフィアを長らくアールデン城に幽閉したままでした。このようなジョージの行動が、これまでのステュアート朝の王たちと比較して、暗い性格で洗練されていないと受け取られたのでしょう。

　とどめは、彼が連れてきた2人の愛妾でした。2人とも、けっして美しいとは言えない容貌だったのです。ロンドン市民が、そんな2人の愛妾につけたのは、「メイポール」と「象」という手厳しい愛称でした。

　次項では、そんな彼女たちにフォーカスしてみたいと思います。

メイポールと象

　愛妾のうち「メイポール」とあだ名がついたのは、ケンドール公エーレンガルド・メルジナ。メイポールとは、ヨーロッパで5月に行われる祭りの時に立てられる高い柱のこと。つまり彼女は、とても身長が高かったのです。もともと、ジョージの母ゾフィアの侍女だった彼女は、背が高く痩せていることから当時は「かかし」というあだ名をもらっていたそうです。

さて、ロンドンに来てからの彼女はどうだったのでしょう。ジョージ1世の寵愛を後ろ盾に、宮廷を仕切っていた彼女ですが、金銭欲も強く、王に会いにきた商人たちから紹介料を受け取っていたといいます。次々と称号も与えられたことから、巷ではジョージ1世と密かに結婚しているのではないかともうわさされていました。

もう1人「象」とあだ名されたのは、シャーロッテ・キールマンセッゲという女性。こちらは、あだ名から想像される通り、でっぷりとした体型の女性だったようです。体格こそ対照的ですが、性格は見事に似通っていたようで、シャーロッテもエーレンガルドと同じように、宮廷を訪れる人々から金品を受け取っていたというから驚きです。

一般的に男は自分の母に似た女性を好むと言われますが、じつはジョージ1世の母のゾフィアは、もともと美しかったのが、嫁ぐ前に天然痘にかかり婚約を破棄されたという悲しい過去をもっています。その婚約を破棄した相手が、ジョージ1世の王妃ゾフィア・ドロテアの父親ゲオルク・ヴィルヘルムなのですから、嫁姑の間柄が良くなかったのもむべなるかなといった感じです。

そして、ここからは私の想像にすぎませんが、ジョージの心中を察するに、自らの美貌を誇る妻よりも、夫を陰で支えたしっかり者の母のような女性を無意識のうちに求めていたのかもしれないと思うのです。

32年間も城に閉じ込められた美しい王妃

ジョージと結婚したゾフィア・ドロテアは、とても美しい容姿に恵まれていました。この美しさは、母ゆずりだったようで、ゾフィアの母は、平民でありながらその美しさゆえに特に許可を得て貴族であるゾフィアの父と結婚したほどの容姿の持ち主だったといいます。

ところが、ジョージは美しいゾフィアに

〔図表24　ゾフィア・ドロテア〕

あまり関心を持たないばかりか、不美人の部類に入るような女性を愛妾とします。そのことに不満を持ったゾフィアは、スウェーデン人のキニヒスマルク伯爵フィリプと、愛人関係を持ちます。

　ところが、すぐにジョージがそのことに気づき、1694 年、ゾフィアと離婚。すると、ほぼ同時期に相手のフィリプが行方不明になります。あまりのタイミングの良さに、じつはフィリプは、ジョージに消されたのではないかといううわさが世間を賑わせました。

　その後、なんとゾフィアは 32 年間もアールデン城に幽閉されてしまいます。実母以外とは面会も許されなかったというのですから、ジョージの怒りはかなり深かったのかもしれません。その後、城から出ることなく絶世の美女とうたわれた王妃は、ひっそりと亡くなります。

　ジョージは、子どもたちにとって母の思い出につながるような品もすべて没収してしまったといいます。こうした父王の冷酷なふるまいが、ジョージ 1 世の後をつぎ王座につくことになる息子のジョージ 2 世との間に確執をうむことになるのです。

　少し前に美人と不美人の生涯賃金格差は 3600 万円だという研究成果を発表して世間を騒がせた経済学者がいましたが、金額はともかく、容姿の美しさで得をするというのは、なんとなく納得できるという方も多いのではないでしょうか。しかし、中には、美人に対してコンプレックスを持っている男性もいるようで、ジョージ 1 世の中にもそうした部分があったのかもしれません。

ジャコバイトの乱　the Fifteen

　さて、表向き平穏に英国王に即位したジョージ 1 世でしたが、もちろん彼の即位に反対していた人たちもいました。それがジャコバイトと呼ばれるジェームズ 2 世とその直系男子こそが正統な国王だと主張する人達です。ジャコバイトの語源は、ジェームズのラテン語読みが元になっています。

　ジャコバイトは、ジェームズを王位に戻そうと、これまでも何度となく

〔図表25　ジャコバイト（名誉革命の反革命勢力）〕

戦いや事件を起こしてきました。ウィリアム3世とメアリー2世の時代には、ジェームズ自らがアイルランドに上陸し、ジャコバイト勢力と力を合わせてウィリアマイト戦争をしかけましたし、1696年には、ウィリアム3世暗殺未遂事件も起こしています。

そして、ジョージ1世が即位してわずか1年後の1715年には、大がかりな反乱を起こし、このときは、スコットランドの大部分を制圧するほどの勢いでした。

ここぞとばかりにジェームズ2世の息子、ジェームズ・フランシス・エドワードがジェームズ3世を名乗り、自らスコットランドへ乗り込みます。しかし、タイミングが悪く、すでにイングランド政府軍が劣勢を跳ね返し、反乱はほぼ抑えられた状態でした。

結局、ジェームズ老僭（ろうせん）王（おう）とも呼ばれた彼は、なすすべなくフランスへと戻っていくことになったのです。

僭王という聞き慣れない言葉の意味ですが、他から王とは認められていない人物が自ら王と名乗ったときにそのように称されます。僭越（せんえつ）の僭という字が使われていますね。ちなみに彼の息子であるチャールズ・エドワード・ステュアートは、若僭王とも小僭王とも呼ばれています。

歴史のあやと言えるのかもしれませんが、もしジャコバイトがこの戦いに勝っていたら、もしジェームズ・フランシス・エドワードがプロテスタントだったら、イギリス王家の歴史も大きく変わっていたのだろうなと想像せずにはいられません。

George II

ジョージ2世

生没：1683 年 11 月 9 日 - 1760 年 10 月 25 日

在位：1727 年 6 月 22 日 - 1760 年 10 月 25 日

6. 父王の母に対する仕打ちを生涯憎み続けた ジョージ2世

　ハノーヴァー生まれのジョージ2世は、父親のジョージ1世のことをとことん憎んでいました。それは、彼が10歳の時に母から引き離されたことが原因です。

　前章でご紹介したとおり、父にまったく相手にされなくなった母ゾフィア・ドロテアが不倫に走るのですが、それが発覚したことから父母は離婚。さらに美しかった母は死ぬまでアールデン城に幽閉され続けることになったのです。

　ジョージ2世はこのとき以来、二度と母の顔を見ることができなかったといいます。

　母から引き離されたジョージは、祖母である選帝候妃ゾフィアに育てられました。この祖母が彼に結婚相手としてすすめたのが、ブランデンブルク＝アーンズバーク候ヨハン・フリードリッヒの娘、キャロラインです。キャロラインは、のちに歴代の王妃の中でも最も優れていると褒めそやされたほどの女性でした。

　父がジョージ1世として英国王に即位したことから、ジョージ2世も早くから次の英国王と目され、イギリスからも公位や勲章をおくられるようになりました。

　スペイン継承戦争の時には、イギリスとともにフランスに対抗する大同盟に加わり、ジョージも父とともに戦闘に参加し、人々の注目を集めるほどの活躍ぶりでした。彼の軍人としての素質はとても優れたものだったようです。

　しかし、そのうわさゆえに、当時のイギリス女王アンは、継承権をハノーヴァー家に譲るにあたって、ジョージの戦好きが王の品位にふさわしいかどうかを危惧したという話も伝わっています。

勇猛さは、王にふさわしい素質のようにも思われるのですが、もしかしたらアン女王は、王位継承権をハノーヴァー家に譲るのが嫌だったがために、ジョージの勇猛さをわざわざ指摘してみせたのかもしれません。

ジョージ1世との親子関係の亀裂

　1714年になると、ジョージ2世は、イギリス国王に即位することになった父に従いイギリスへとやってきます。しかし、イギリスにやってきても父子のいさかいは激しくなるばかりでした。

　父に反抗するジョージ2世に対して父王ジョージ1世もさまざまな意趣返しを行います。たとえば、息子の友人の宮廷への出入りを禁じたり、ジョージ2世のために用意されていた宮廷費を削減したりと、ある種、子どもじみたやり方で対抗するのです。

　中でも親子の亀裂が決定的となったのは、ジョージ2世に次男が生れたときの出来事です。ジョージ1世は、息子が嫌っていた人物をわざわざ次男の名付け親にすべきだと独断で決めた上に、その人物を洗礼式に送り込んだのです。これに怒ったジョージ2世は、その人物に殴りかかったのだとか。

　親が親なら子も子だという気もしないでもありませんが、ともあれこの事件がきっかけで、ジョージ2世は城の一室に閉じ込められてしまうのです。ジョージ1世、つくづく閉じ込めるのが好きな王様と見受けられますが、この後、ジョージ2世は宮廷から出てレスター・ハウスに居住することとなります。

大英帝国繁栄の幕開け

　さて、そんなジョージ1世が亡くなると、いよいよジョージ2世が王位につくことになります。政治のほうは、父王の時代から政権を握っていたロバート・ウォルポールが安定的に舵取りをしていきます。ジョージ2世の治世当初は、ヨーロッパ内でも戦争がなく比較的落ちついた日常が営まれていました。

どちらかというと、内政よりも国外での戦争に興味をもっていたジョージ２世。王妃キャロラインが亡くなってしばらくすると、オーストリア継承戦争や、アメリカ植民地での戦い、五大陸のあちこちが戦場となった七年戦争など次々と戦いに参戦していきます。オーストリア継承戦争のさなかには、自ら軍を指揮してフランス軍をやぶっていますが、これは英国王が直接指揮をとった最後の戦いとして知られています。

　また1945年には、小僧王チャールズ・エドワード率いるジャコバイトの乱がふたたび起こりますが、ジョージ２世の３男カンバーランド公ウィリアムがカロデンにて撃破し、ジャコバイトの反乱は収まりました。

　その後、のちに大ピットと呼ばれることになるウィリアム・ピットが政権を握ります。じつは、ジョージ２世は、このピットのことを嫌っていて最初のうちは彼に重要なポストを与えることを渋っていたのですが、そのピットがアメリカ大陸などでフランスを破り、イギリスを植民地競争の勝者へと導くことになるのですから、不思議なものです。ジョージ２世の時代に大英帝国繁栄の幕が上がったのです。

　1760年、ジョージ２世は突然倒れ、そのまま帰らぬ人となります。死因は心筋梗塞とも動脈の破裂ともいわれています。

　こうしてジョージ２世の人生を俯瞰してみると、戦争を好みのちの大英帝国繁栄の基礎を築いた反面、英国の国内政治にはほとんど口を出さなかったという印象です。あるいは口を出していても、政治家たちの意見のほうが重要視されていたといったほうが正しいのかもしれませんが。なにより、ウォルポールやピットといった有能な舵取り役が身近にいたことが、彼にとっての最大の幸運だったと言えるでしょう。

　大切な人を忘れていました。王が孤立しないよう政府との橋渡し役として、密かに活躍した王妃のキャロライン（キャロライン・オブ・アーンズバック）もその１人、好色といわれてきたハノーファー家の例に漏れず、ジョージ２世は多くの愛人を持ちながらも内助の功に努めました。彼はまわりの人の運にも恵まれていた王様だったのです。

George II
ジョージ2世のコイン

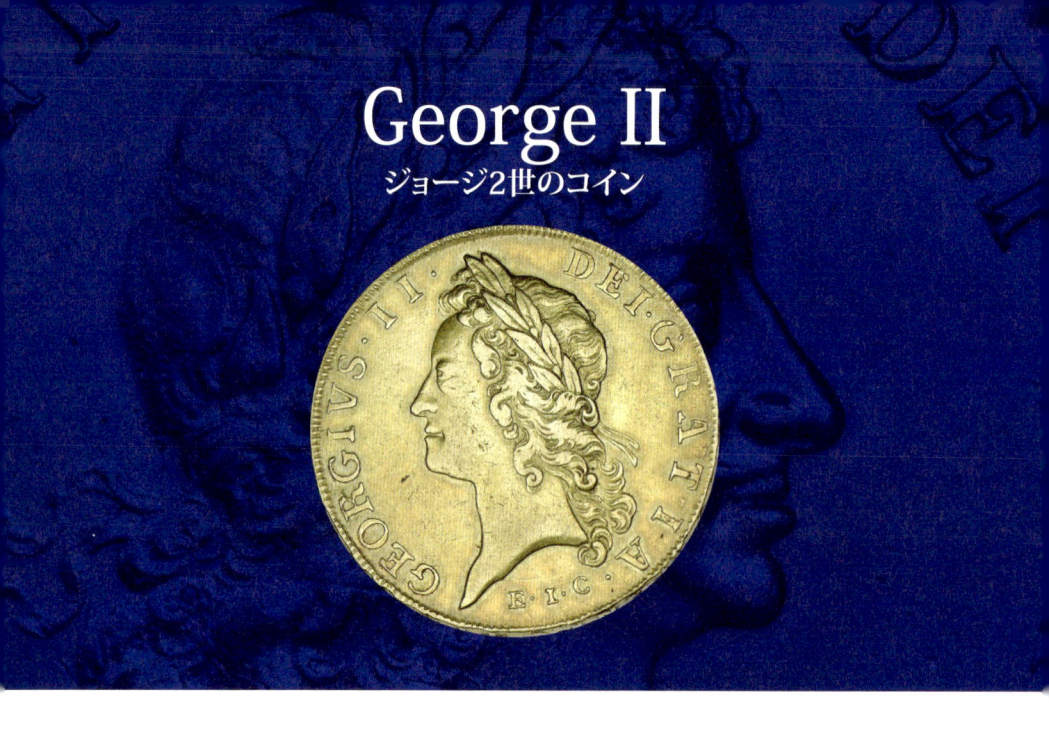

東インド会社の印があるコイン

在位期間が 33 年間だったジョージ 2 世。歴史的にはさほど有名な王様でもなく、人気が高いというわけでもありませんが、コインコレクターにとっては、注目の存在です。というのも、状態が良いにもかかわらず比較的お手頃価格のコインが残っているからです。

〔図表 26　1729 年ジョージ 2 世 5 ギニー金貨 EIC〕

また、この頃からコインの肖像画の下部に「EIC」や「LIMA」といった金の産出元を示す英字が刻まれるようになりました。

　「EIC」は、イギリス東インド会社のこと。東インド会社が算出した地金を使っているという証明です。(East India Company)

　いっぽう「LIMA」はイギリス海軍の提督ジョージ・アンソンが1740年代に世界一周航海を行った際に入手した地金で製造されたことを示しています。特に「LIMA」の文字を目にすると、大航海時代のイギリスの帆船の堂々たる姿が目に浮かぶようで、われ知らず心が躍ります。

　また、ジョージ2世のコインには、若い頃の肖像をうつしたヤングヘッドと年齢を重ねてからの肖像が刻印されたオールドヘッドがあります。これら肖像を見比べてみるのも楽しいかもしれません。

〔図表27　1746年ジョージ2世5ギニー金貨 LIMA〕

疑った父の死の一報

　自らの父王の死の一報を持って駆けつけたときの宰相ウォルポールに対して、昼寝から目覚めたジョージ2世は一言「それは悪い冗談だ」と、答えたとされています。つづいて「で、何の用だ？　」とたずねたそうです。

　自らの父の死というだけではありません。ウォルポールが知らせた内容はすなわち自身の王への即位を意味するのです。し

〔図表28　初代オーフォード
伯爵ロバート・ウォルポール〕

かし、ジョージ2世の反応は、冷静というか、無反応というべきか、とてもあっさりとしたものでした。

　ジョージ2世は、10歳の時に母から引き離された上に、その母を32年間にもわたって城に幽閉していた父を心の底から憎んでいました。それゆえに、父の死を聞いたときも、まともに受け取ろうとしなかったのがその冷静な反応の理由だとされています。あるいは、父と聞いただけで、体が拒否反応を起こし、父に関する情報のすべてをシャットアウトする習慣となっていたのかもしれません。

　いずれにせよ、ウォルポールが息せき切って駆けつけたうえに、昼寝中のジョージ2世をたたき起こしてまで知らせた報告をまったく信じていなかったのでしょうね。

　しかし、このとき宮廷から離れたジョージ2世の居城リッチモンド宮殿につくまでにウォルポールは、馬を二頭つぶしたといわれるほどの全速力ぶりだったと伝わります。それほどまでに急いでいたウォルポールのほうは、あまりのジョージ2世の鉄面皮ぶりに、即位までの段取りなどを伝えるのをうっかり忘れそうになったほどだとか。

　ウォルポールの慌てぶりと、ジョージの冷静さという2人の人物の温度差が面白いエピソードだと思いませんか。

父譲りの息子との確執

　ジョージ1世との仲が険悪だったジョージ2世。歴史は繰り返すと申しますが、なんと自身も長男のフレデリック・ルイスから、ことあるごとに反抗されてしまいます。

　このフレデリックは、ジョージ2世の次の英国王となる予定で王太子に叙されていましたが、父より早く44歳の若さで亡くなり、王位につ

〔図表29　フレデリック・ルイス〕

くことはありませんでした。彼の息子がのちにジョージ3世として即位しています。

　フレデリックは、不思議なことに祖父や両親がイギリスに渡ったあともなぜかハノーヴァにとどまり続けていました。両親と離れたときの年齢はわずか7歳。まだまだ両親が恋しい年頃だと思われますが、彼が置いていかれたのは祖父のジョージ1世の命令によるものだとか。もしかしたら、暗殺などの陰謀から彼を守るためだったのかもしれませんが、いずれにしても長く両親と離れて生活していたせいか、長じてからは素行の悪さが目立ったといわれています。

　フレデリックは、イギリスに渡った後も両親に対して反抗的な態度をとっていました。たとえば、選挙で足並みを乱したり、野党と組んで政権に対立したりしたそうです。

　なお、蛇足ながら、フレデリックは1737年にフリーメイソンに加入しており、その後、英国王族の男子はフリーメイソンに加入することが一般的となりました。今もその伝統は続いているようで、フリーメイソンのイングランドロッジのグランド・マスターはケント公が担っています。

　少し話が横道にそれましたが、ジョージ1世から息子、そして孫へと三代続いた父と子同士の確執は、もはやハノーヴァー朝の伝統といってもいいかもしれません。

聡明さゆえに国民からも愛された王妃

　ジョージ2世の妃、キャロライン・オブ・アーンズバックは、4歳の時に父ヨハン・フリードリッヒを亡くし、母とともにドレスデンで暮らしていましたが、母が再婚したため、のちの初代プロイセン王フリードリッヒ1世に引き取られベルリンで暮らしました。

　そのときに、ジョージ2世の祖母ゾフィ

〔図表30　キャロライン・オブ・アーンズバック〕

アがキャロラインの聡明さに目をとめ、孫の結婚相手候補として目をつけたといわれています。

　キャロラインは、ベルリンにいる頃、哲学者でもあり数学者でもあるライプニッツから直接指導を受ける機会などもあり、そうした機会が彼女の能力をさらに伸ばすきっかけとなったと考えられます。

　彼女自身の高い素質に良家という家柄もあいまって、キャロラインにはいくつか縁談が持ち込まれますが、宗教の違いなどからまとまることはありませんでした。

　そして、1705年、ジョージ2世の祖母ゾフィアの強い意思もあり、ジョージ2世と結婚することになります。すると、キャロラインは将来のイギリス行きに備えて英語の勉強をはじめます。

　イギリスに渡った後は、時の宰相ウォルポールとタッグを組んで、王への根回しをかって出ます。かといって、自らの手柄を誇るでもなく、常に控え目で王を立てることも忘れませんでした。

キャロラインへの深い愛

　父王と同じように女性関係は派手だったジョージ2世ですが、キャロラインには、一目置いていたようです。

　彼女が死の間際にジョージに再婚を進めたところ、彼は「愛人は持っても再婚はしない」と答えたといいます。そして、その誓いを守り、その後23年間再婚することはありませんでした。

　それだけではありません。夫婦関係を象徴するこんなエピソードが残っています。ジョージの遺言により、彼とキャロラインの棺は横並びに埋葬されることになるのですが、お互いの棺桶の横板を外して埋葬されました。

　その理由は、2人の棺桶が1つの空間になるからです。つまり、死してのちもキャロラインと一緒にというのが、ジョージの願いだったのです。

　妻に対する愛情深さという点でみると、妻を長年にわたり幽閉した父ジョージ1世とは違い、自分の妻に対して愛情深いところをみせたジョージ2世の勝ちと言えるのではないでしょうか。

George III

ジョージ 3 世

生没 ：1738 年 6 月 4 日 － 1820 年 1 月 29 日
在位 ：〈グレートブリテン王〉
　　　1760 年 10 月 25 日 － 1800 年 12 月 31 日
　　　〈連合王国国王〉
　　　1801 年 1 月 1 日 － 1820 年 1 月 29 日

ジェームズ 1 世	アン・オブ・デンマーク			エリザベス
ヘンリエッタ・マリア・オブ・フランス	チャールズ 1 世			ゾフィー
チャールズ 2 世	メアリー・ヘンリエッタ	オラニエ公ウィレム 2 世（オランダ総督）	アン・ハイド	ジェームズ 2 世	メアリー・オブ・モデナ	ヘンリエッタ・アン	フィリップ 1 世
ウィリアム 3 世	メアリー 2 世	アン	ジョージ・オブ・デンマーク	ジェームズ			ジョージ 1 世
		チャールズ	ヘンリー・ベネディクト			ジョージ 2 世
						ジョージ 3 世
				ジョージ 4 世	ウィリアム 4 世	エドワード
						ヴィクトリア
						エドワード 7 世
						ジョージ 5 世
					エドワード 8 世	ジョージ 6 世

7. 親しみをこめ、 ファーマー・キングと呼ばれた ジョージ3世

　ジョージ2世の後をついで英国王となるはずだったフレデリック・ルイスが、若くしてこの世を去ったために、ルイスの長男であるジョージ3世は、13歳で王太子に叙せられ、23歳の若さでイギリス王となります。以後、
彼は60年の長きにわたって王座に君臨しましたが、これは歴代3位の長さとなっています。

　父を早くに亡くしたことから、ジョージ3世は母オーガスタの思い描く帝王学に強い影響を受けました。そのため、即位後は王権の強化を望むようになります。

　彼の祖父、ジョージ2世や曾祖父のジョージ1世がドイツ生まれで、ほとんど英語を話せなかったのに対して、ジョージ3世はイギリスで生まれ英語を母国語として育ちました。そのため国民からのジョージ3世即位に対する期待も高く、また自身もイギリスをこよなく愛していたといわれています。

ジョージ3世の政治手腕

　先代の王たちとの違いは、戴冠後の政治への関わり方でも際立ちました。それまでの王たちとは異なり積極的に政治に関与します。

　まずは、それまで主流派であったホイッグ党の影響力を小さくすることから着手。「王の友達」と呼ばれる親王派の議員を増やすことにより、思うように政治を動かそうとしました。

　ちなみにこの親王派の議員たちをどうやって増やしたかというと、なんと買収したのです。そして、買収するための資金をつくるために自ら王室費の節約につとめたといいます。

彼は大ピットの次男で、父になぞらえ小ピットと呼ばれたウィリアム・ピットを首相に立てますが、小ピットは関税制度や自由貿易など、アダム・スミスの学説を取り入れるなど優れた政治手腕を発揮しました。対外的には、アメリカ独立戦争やフランス革命に続くナポレオンの台頭など、難しい局面が続いていました。中でも彼のアメリカ植民地政策の失敗がアメリカ独立戦争のひきがねとなったとされており、「アメリカ独立宣言」を起草したジェーファーソンは、ジョージ3世の悪政を細かく告発しています。

ジョージ3世の悩み

　そんなジョージ3世を悩ましていたものが2つあります。それは、彼の子息たちが起こした数々のスキャンダルと、そして彼自身の精神異常。ジョージは度々ひどい発作に悩まされていました。近年の研究では、ジョージ自身がポルフィリン症という疾患を患っていたことによるものという説が有力視されているようですが、息子たちの悪行状がジョージの精神的な発作の原因となったとも考えられています。

　晩年は精神疾患が重くなったうえに、視力も失ってしまったジョージは、ウィンザー城の周辺を散策するなどして過ごしました。農民たちにも気軽に話かけたといわれており、そんな姿の王を農民たちは敬愛をこめて「ファーマー・キング」と呼んだのだとか。

　王室につきものの浮いた話もなく、王妃との仲も良かったというジョージ3世。まじめ一筋の王様であったにも関わらず、重い病気や子どもたちのスキャンダルに悩まされたとは、つくづく人生とは皮肉なものだと思わされます。

George III

ジョージ3世のコイン

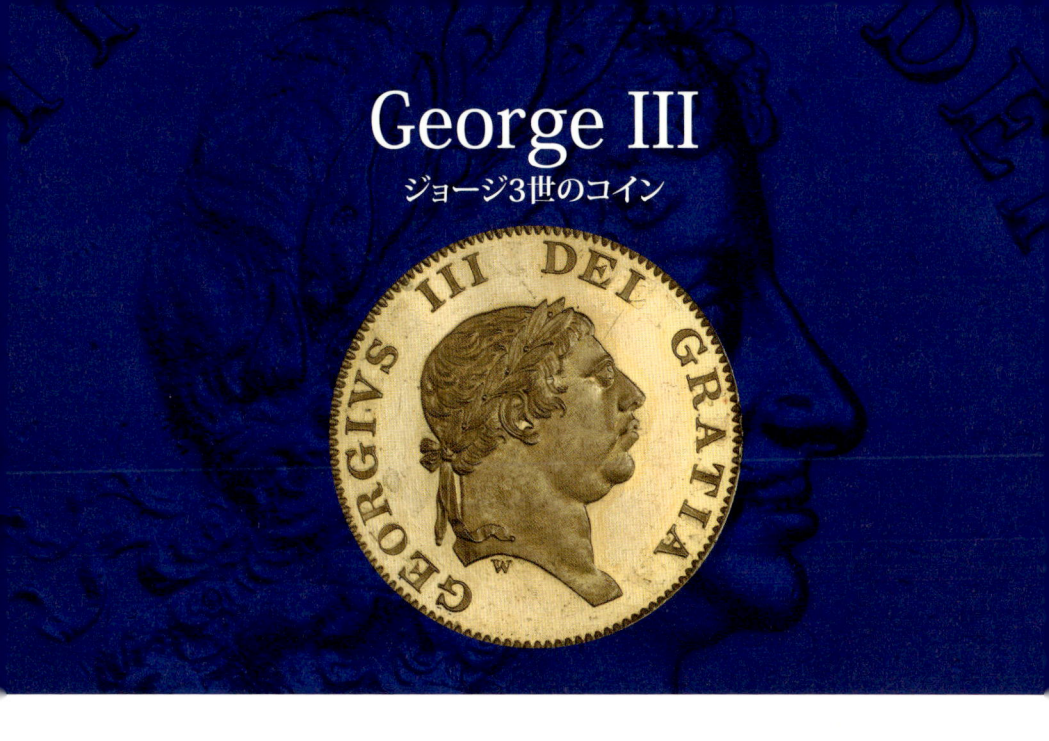

　今にも飛び出しそうな大きな目のジョージ3世。どこか安定感を欠く
ような面持ちの横顔は、彼がわずらっていた病気によるものなのでしょうか。

　ジョージ3世の5ギニー金貨のプルーフは現存しているものがほとん
どなく、かなりの希少品です。現存している数は1700年と1773年のも
のがそれぞれ3枚、1777年のものは約5枚といわれています。

　かなりの予算をつぎ込んでも、入手することは困難なのです。それもそ

〔図表31　1777年ジョージ3世5ギニー試鋳金貨 現存数5枚〕

のはず、目にする機会すら難しいというのが現状だからです。

まじめな夫

　ジョージ3世の人生で特筆すべき点は、女性関係に対してもまじめであったこと。祖父や曾祖父が女性関係で王妃を悩ませたのとは正反対でした。その結婚の経緯からして、王妃としてふさわしい女性をヨーロッパ公家から武官に探させるという手堅い方法をとっています。そして、白羽の矢が立ったのが、メックレンブルク・シュトゥレリッツ公のカール・ルートヴィッ

〔図表32　シャーロット・ソフィア〕

ヒの末娘シャーロット・ソフィアでした。

　ジョージ3世はさっそく彼女に結婚を申し込みますが、このときすでに即位をすませていながら戴冠式をまだとり行っていませんでした。

　その理由とは？　じつは、王妃とともに戴冠式を行いたかったようで、結婚式を先に済ませた後、約2週間後に2人揃って戴冠式にのぞんでいます。いかにもきまじめなジョージ3世らしい逸話です。

　そして2人の結婚生活も円満で、シャーロットは夫の女性関係では苦労することがなかったといいます。彼女自身も政治に口出しをしたりすることはなく万事控え目に過ごしていたようです。

　子宝にも恵まれ、9男6女の子どもをもうけますが、じつはこの子どもたちに悩まされることになります。

　特に王太子ジョージ・オーガスタス・フレデリックの行いには、ほとほと手を焼いていました。王太子が妃のキャロラインと別居したことが、王

の精神病の発作につながったともいわれているほどです。

　子どもたちの度重なる不祥事に王は耐えられなかったようで、晩年はウィンザー城に引きこもりましたが、王妃はそんな王に付き添い、懸命に介護を行っていたそうです。王妃が他界してからわずか1年2か月後、後を追うようにして王も天に召されました。最後まで仲の良い夫婦であったことがうかがわれます。

子どもたちのスキャンダル

　ジョージ3世も王妃のシャーロットも、どちらかというとまじめな性格でしたが、なぜかこの夫婦の子どもたちの多くはスキャンダラスな話題に事欠きませんでした。

　王太子をはじめ、次男のヨーク公フレデリック、3男のウィリアム・ヘンリーともども女性関係が乱れがち。結婚した後に愛妾を持つのがいけないのか、と悟ったわけでもないと思いますが、4男のケント公エドワード・オーガスタスは、結婚して

〔図表33　国王ジョージ3世の3人の末娘〕

いない女性と長年にわたって関係を持っており、それはそれで王を悩ませていました。

　中でも群を抜いていたのは、王太子で、ギャンブルで借金をつくったり、女性に多額のお金を貢ぐなど、お金にからむトラブルも多く、ジョージ3世にとって悩みの種であったといいます。

　また、次男のフレデリックは、陸軍の最高司令官という立場にありながら、賄賂を受け取っていたという事件が明るみに出て、司令官のポストを

失います。これには、父王も大きな衝撃を受けて、のちに失明に至るほど
だったと伝わります。

　ただこと女性関係という視点から、ハノーヴァー朝を俯瞰してみると、
初代のジョージ1世、2世とも女性については乱れがちでしたから、むし
ろ子どもたちのほうが主流で、まじめなジョージ3世が異質だったという
う見方もできなくはないと思います。あくまで、個人の感想ですが。

産業革命の時代

　ヨーロッパからアフリカ、アメリカ、アジアまで広がった多くの軍事紛
争に彩られたジョージ3世の時代には、産業や交通が大きな発展を遂げ
た産業革命が起こっています。この頃に発明されたり実用化されたものを
列挙してみましょう。

　1764年ハーグリーヴズが紡績機械を発明

　1765年ジェームズ・ワットが蒸気機関を改良

　1769年アークライトが水力紡績機を発明

　1784年カートライトが蒸気機関を利用した力織機を発明

　1814年スティーブンソンが蒸気機関車を発明

　ジョージ3世の寿命と治世の長さはそれまでのすべてのイギリス王よ
りも長く、1760年から1800年までですから、ほぼ産業革命の時期と重
なっていますが、この頃には、1つの発明が次の発明を呼び起こすといっ
たように、たて続けに発明や改良が繰り返されている様子がよくわかりま
す。

　イギリスで産業革命が起こった理由を簡単に説明しますと、原料が手に
入りやすく、かつ市場ともなる植民地を持っていたこと、植民地貿易など
により得た資金が潤沢であったこと、清教徒革命や名誉革命によって社会
や経済が発展していたこと、などが大きな要因としてあげられます。

　こうして7年戦争などで打ち負かしたフランスに植民地の拡大で水を
あけたのみならず、世界に先んじて産業革命が起こったことにより、全世
界におけるイギリスの優位がますます顕著になっていくのです。

George IV

ジョージ4世

生没：1762年8月12日 － 1830年6月26日
在位：1820年1月29日 － 1830年6月26日

8. 両親にも妻にも反抗してばかり ジョージ4世

　自らの素行の悪さゆえに、王太子時代から父であるジョージ3世を悩ませ続けた王、それがジョージ4世です。ようやくハノーヴァー朝も3代目となり、イギリスに根付きはじめたところでもあり、彼が生まれたときには国民の期待も大きく歓迎ムードでした。

　祝福の鐘が鳴り響く中、人々は「金のスプーンを口にした王子」と、その誕生を祝したとされています。

　しかし、ジョージ4世は、長じてのち「金づかいの荒い王子」となってしまいました。

幼少期のジョージ4世

　そんな風に育ってしまった彼の成長過程には、いったい何があったのでしょうか？　まずは、ジョージ4世の子ども時代をのぞいてみましょう。

　真面目な父王ジョージ3世は、王子といえども甘やかせることなく教育するよう指導係に命じていました。そのため、ジョージ4世は、小さい頃から規則正しいスケジュールにのっとり、教育を受けていたとされています。

　しかし、それが逆効果だったのでしょうか。まだ教育を受けている最中にもかかわらず、すでに父王の批判者に賛同する旨の発言をしています。

ジョージ4世の女性遍歴

　その性格が変わることなく成長した彼は、王太子時代には、数々の問題を起こし、父王や政府の眉をひそめさせるのです。彼が積み重ねた借金は40万ポンドにも達したとされています。当時の王の年間の宮廷費が83万ポンドでしたから、ジョージの借金の額の多さがわかるというものです。

女優との浮き名を流したり、カトリック信者の未亡人に求婚したりと、女性関係でも困った問題ばかり引き起こしていたジョージでしたが、父王から借金の棒引きをかたに正式な結婚を持ちかけられ、それに応じました。相手は、カール・ヴィルヘルムの次女、キャロラインです。

ところが、この結婚もうまく行きませんでした。のちにジョージは周囲に対して「彼女とベッドをともに

〔図表34　キャロライン〕

したのは初夜の時だけだ」と、吹聴してまわったといいます。

そして、父王亡き後、自分の戴冠式のおりには、なんとかキャロラインを出席させまいと画策するのです。キャロラインなしで戴冠式に急ぐ新しい王に対して人々は「お前さんの女房はどこにいるんだ？」とヤジを飛ばしたといいます。

キャロライン妃は、翌年ひっそりとこの世を去り、ジョージ4世はその後、再婚することはありませんでした。晩年は、あまり人前に出ることもなく、ウィンザーなどで、愛人のレディー・カンニガムと静かに暮らしていました。

彼には、キャロラインとの間に、唯一の子どもシャーロット・オーガスタ王女がいましたが、彼女は1817年自らのお産の時に不幸にも死亡しています。そのためジョージ4世が67歳で亡くなった後は、弟がウィリアム4世として即位しました。

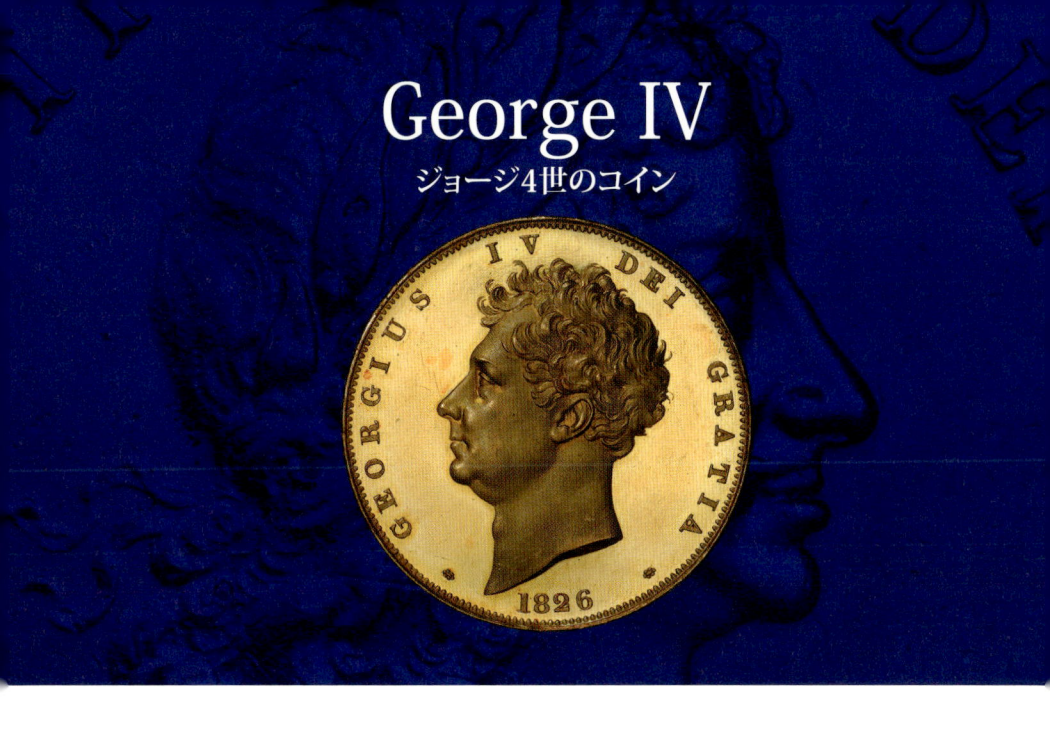

George IV
ジョージ4世のコイン

　とかく悪いほうの評判ばかりが目立つジョージ4世ですが、その分コインは狙い目とも言えそうです。発行数が少ないため希少価値が高く、また状態のいいコインも多く残っています。

　この頃から王の肖像の髪が短くなり、ぐっと現代に近づいてきたという印象です。ジョージ4世の横顔の立体感や髪の毛の流れまでが美しく描かれています。コイン裏面の王冠を戴くマントとその内側の紋章のデザインもかなり精巧で、いつまでも眺めていたくなるような美しさです。

〔図表35　1826年ジョージ4世5ポンド金貨〕

ジョージ4世の逆メンター

優れた指導者や信頼のおける相談相手のことをメンターといいますが、父王の厳しい教育が裏目に出たかっこうのジョージ4世。それでも、成長の過程で彼の目を覚まさせてくれるような人物に出会えればよかったのですが、残念ながら彼が出会ったのは、放蕩の道へと導く人物でした。

〔図表36　メアリー・ロビンソン〕

ジョージ4世にとっては叔父にあたるヘンリー・フレデリックは、自らの結婚をめぐり兄のジョージ3世と仲違いをしていました。

そこで、自分と同じようにジョージ3世に対して反抗的なジョージ4世に目をつけたようです。ヘンリー叔父は、ジョージ4世に父王の政敵を引き合わせただけでなく、ギャンブルや酒のがぶ飲みなど、悪い行いを次々と教えていきました。

そんな中でジョージが出会ったのが、女優メアリー・ロビンソンでした。舞台での彼女の姿に一目惚れしたジョージは、金に糸目をつけず貢ぎます。

ところが、メアリーは貪欲な女性で、彼が贈った手紙をネタに5000ポンドもの金銭を要求するのです。このときは、父王に泣きつくことで、なんとか事なきを得ましたが、それで立ち直るジョージ4世ではありませんでした。

ジョージ4世の事件簿

自分を認めようとしない父王やまわりへの反抗心からか、成長してのちもジョージは、やることなすことめちゃくちゃでした。

結婚式前に出会い意に沿わなかったというキャロラインとの結婚式には酔っ払って現れ、弟たちに左右から支えられてようやく座っていられる状態だったと伝わります。

また、王族としてはじめて競馬のダービーステークスにて自身の所有する競走馬サートーマス号を優勝させましたが、数年後に八百長を疑われる

ような事件を起こしています。

　父が二度目に発作にみまわれたときには、自らが摂政の地位を得るために ジョージ 3 世の王座への復帰は難しいと触れ回っていたと伝わります。 そのことが人々に知れて、親不孝者と非難されたそうです。

　王太子時代から積み重ねた借金は、最後には約 64 万ポンドにもふくらんだというのですから、あきれて物もいえません。

　そして、父王の発作により摂政となったときには、陸軍司令官就任式に 臨むに当って、金ぴかの制服をあつらえたといいます。それを見た市井の 人々は、父王が病気であるにもかかわらず、なんと不謹慎なと眉をひそめ たといいます。

　こうした行動を見るにつけても、いちいちやることが大人げないとしか 言い様のないジョージ 4 世です。

エスケープ事件

　事件の名前だけ見ると、誰かが逃げ出したのか、と勘違いしそうですが、 この「エスケープ」とは競走馬の名前です。1791 年 10 月 20 日と 21 日 に行われたこの馬がからむレースが当時、八百長ではないかと話題になり ました。この競走馬の持ち主は、ジョージ 4 世。

　事件の内容を詳しくみていきましょう。まず 10 月 20 日、ニューマーケット競馬場で一番人気のエスケープが 4 着となりました。その日のエスケープのオッズは約 2.0 倍だったといいます。

　ところが次の日、同じエスケープ号に同じ騎手が騎乗したにもかかわら ず、前日の走りとは明らかに異なり快走して優勝したのです。前日の負け を受けて、この日のオッズは 5.0 倍でした。ところが、この日のレースで ジョージ 4 世はエスケープ号に大金を賭けていたというのです。

　それを知った人々は、20 日のレースは、21 日のオッズを上げるために わざと負けたのではないかと疑念をいだきます。

　ジョッキークラブはこの事件に関する調査を行い、ジョージ 4 世に当 日馬に乗っていた騎手を二度と使わないようにと勧告しました。これに腹

を立てたジョージ4世は、その後二度とニューマーケット競馬場に脚を運ばなかったといいます。

　これがじっさいに八百長であったのかどうか真相は藪の中です。しかし、1つ言えるのは、狼少年の話と同じだということではないでしょうか。すなわち、ジョージ4世が日頃から真面目で、品行方正であれば、同じ事件があっても「すわ、八百長だ」といった疑いをもたれなかったと思うのです。日頃から、あの王太子は…と後ろ指を指されるような彼だったからこそ、疑惑が二倍にも三倍にもふくらんでしまったと言えるのかもしれません。

たった1つの功績

　さて、ここまでジョージ4世の負の側面ばかり述べてきましたが、そんな彼にも輝いた場面がありました。それが、スコットランドとの和解です。

　戴冠式を終えたジョージ4世は、アイルランドやハノーヴァーを訪問しましたが、このときの王族らしくないフランクな態度が、現地の人たちに好感を持って受け止められたといいます。

　そのことで自信がついたのか、ハノーヴァー王家となって以来、どの王も訪問していなかったスコットランドを訪れることにしたのです。祖父や父王の時代までは、まだまだスコットランドのイングランドに対する恨みが強く、王族が当地を訪れるのは危険だという状況でもありました。

　しかし、現代風にいうと空気を読まないジョージ4世は、現地の情勢など気にすることなく1822年にスコットランドへと向かいます。

　このとき、現地に到着後、ホリールードハウス宮殿で、スコットランドの氏族たちとの会見の場に、ジョージがスコットランドの民族衣装であるキルト姿で現れたことで、現場の空気は一変。スコットランド氏族のわだかまりが一気にとけたばかりか

「ジョージ4世はわれら氏族の総代表である」

　と、爆発的な人気を得たというのです。

　誰しも人生に一度は輝ける瞬間が用意されているのかもしれません。

William IV

ウィリアム4世

生没：1765年8月21日 ― 1837年6月20日
在位：1830年6月26日 ― 1837年6月20日

9. 海軍出身遅咲きの プリンス ウィリアム4世

　兄のジョージ4世が跡継ぎを残さず死亡したことから、65歳という高齢で王座についたウィリアム4世。彼が次期王だと目されるようになったのも、じつに50歳を過ぎてからのことでした。

　というのも、兄、ジョージ4世の他に、もう1人フレデリックという兄がいたからなのですが、その次兄はジョージ4世よりも3年早く鬼籍に入っています。

　青年時代に海軍に所属していたこともあり、人々からは「セーラー・キング」と呼ばれていました。じつは海軍に入れられたのは、わずか14歳の時。まじめなジョージ3世は、息子を海軍に入れるにあたって、わざわざ「特別扱いするな」と念押しをしたということです。

　ウィリアム4世自身も同期生から名前を聞かれたときに、王子と知られないよう遠い祖先の家名を名のったのだとか。そして他の訓練生と同じ厳しい訓練を受けてもけっして弱音を吐くことがありませんでした。

　1780年には、マダガスカルのサン・ビセンテ岬海戦でスペイン艦隊と戦い勝利します。ロンドンに凱旋した際に、この戦いにウィリアムが参戦していたことをはじめて知った市民たちが感激したそうです。

ウィリアム4世の女性関係

　26歳になった頃、ウィリアム4世は、女優のドロシア・ジョーダンとつきあいはじめます。それから約20年の間、結婚することこそありませんでしたが、夫婦同様の生活を営んでいました。その間10人もの庶子をもうけています。女性関係が派手だった兄たちとは異なり、1人の女性と仲良く暮らした様は、父のジョージ3世を彷彿させますが、この関係、最後まで平穏というわけにはいきませんでした。

ウィリアムが 46 歳になったときに 2 人は突然別れてしまうのです。別れの原因は、はっきりしてはいませんが、おそらく王位継承が頭をよぎったからだと思われます。父王の健康状態や不摂生な兄たちの余命、そして彼らも自分も王位継承者となる子どもを授かっていないことが気にかかったのではないでしょうか。

本人もさることながら、周囲の世継ぎを望む声も日増しに高まったようで、53 歳になってようやく正式な結婚をします。相手のアデレイド公女は 26 歳という若さでした。

しかし、残念なことに 2 人の間に生まれた長女はその日のうちに、次女は 4 か月で亡くなってしまいます。アデレイドはウィリアムの庶子たちを可愛がることで、自身の子どもたちを亡くした悲しみをまぎらわせたそうですが、妃の人間としての温かさが伝わるエピソードだと思います。

ウィリアム 4 世の即位

1830 年、兄のジョージ 4 世が亡くなり、いよいよウィリアムが即位することとなりました。このとき、彼は 65 歳。じつは戴冠式を行うにあたって問題発言をしています。それは「戴冠式などなくてもいい」と、言い出したこと。その真意は、質素を愛するウィリアムらしくお金がかかることを気にかけたゆえだったようですが、王の発言に慌てたのは側近たち。華美にしないことを条件として、なんとか戴冠式を行うよう王をなだめたのです。すると今度は貴族たちがそんな地味な式はつまらないと不参加を匂わせます。これに対してウィリアム 4 世は、参加者が減れば「ウェストミンスター寺院が広々として涼しげでよい」と、気にもかけない様子だったとか。さすが海軍出身だけあって、貴族たちとの渡り合いも堂々としたものです。

王となってからも、海軍時代と同じようにロンドン市内を自由に歩き回り市民たちと気軽に談笑していたというのもウィリアム 4 世らしいエピソードです。そんな気の置けない王様のことを市民たちは「セイラー・キング」と、親しみをこめて呼んだといいます。

William IV
ウィリアム4世のコイン

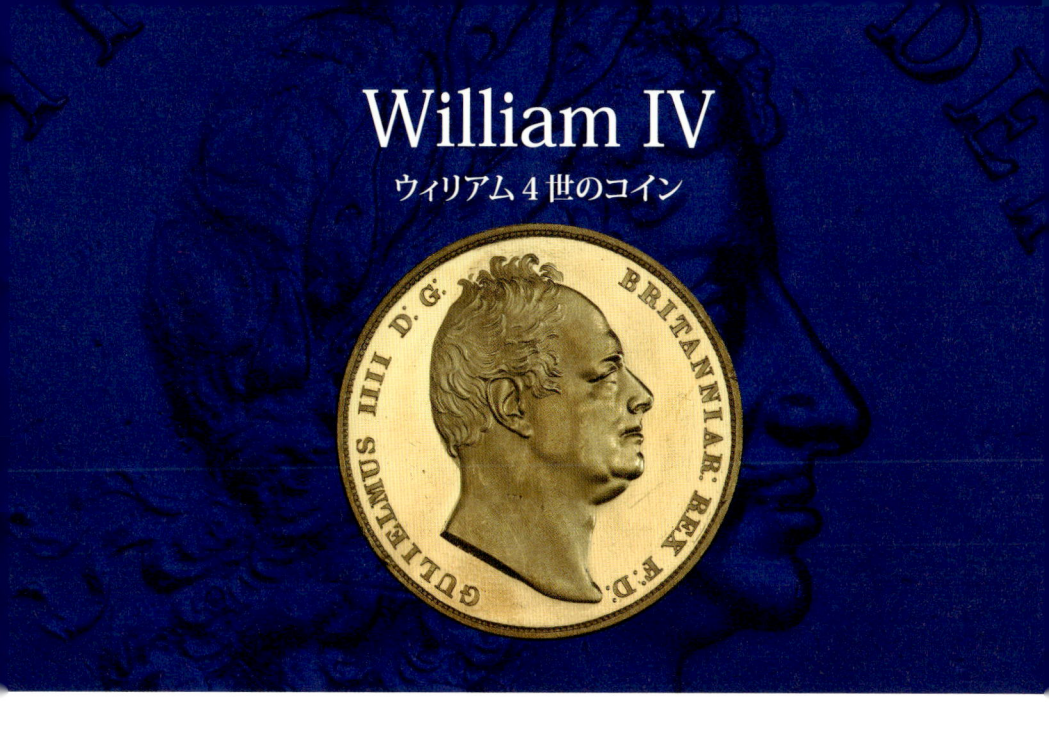

　65歳という歴代最年長の高齢で王位についたウィリアム4世。そのためか王の肖像を見ると御髪が少し寂しい感じはありますが、そんな些細なことはコインの価値を押し下げたりしません。

　王の肖像は堂々たる偉容を備えていますし、なにしろ発行数が10枚という希少さですから、めったなことでは目にすることすらできないコレクター垂涎の的のコインなのです。

〔図表37　1831年ウィリアム4世5ポンド試鋳金貨 現存数6〜10枚〕

コインの価格もそれ相応の高額ですが、人々からセーラー・キングのあだ名で親しまれた王だけに、もっとたくさんの金貨を発行してくれていたらと思わずにはいられません。

ネルソン提督との親交

〔図表 38　ネルソン提督〕

　1780 年には、マダガスカルのサン・ビセンテ岬海戦でスペイン艦隊との戦いを皮切りに、ウィリアム 4 世は何度も戦いを経験しています。まずは、彼の戦歴を振り返ってみましょう。

　翌年になると旗艦バーフラー号に乗船して、西インド洋でフランスと戦います。その後しばらく戦争から遠ざかっていましたが、1785 年には、仕官となり、その翌年軍艦ペガサスの艦長を命ぜられます。ここで彼は、イギリス最大の英雄とよばれるネルソン提督の下で戦うことになりました。

　このときの関わりが元となり、ウィリアム 4 世とネルソン提督は、懇意な間柄となりました。ネルソンの結婚式には、ウィリアムが花婿付き添い役となったほど、公私にわたって親密な関係を築いていたようです。

　ネルソン提督といえば、やはりトラファルガーの海戦。この戦いにより、ナポレオン 1 世のイギリス上陸を阻止したわけですが、ネルソン提督は数々の逸話を残しています。敵の隊列を分断するために 2 列の縦隊で突っ込む「ネルソンタッチ」という戦法や、戦いに際して味方に送った信号旗による「英国は各員がその義務を尽くすことを期待する」というメッセージも有名です。

　そして、イギリス海軍を勝利に導いたネルソン提督は、「神に感謝する。

私は義務を果たした」と、言い残して船の上で絶命。最後まで、英雄らしい伝説を残したネルソン提督です。

政治にも手腕を発揮

ウィリアム4世の時代には、地方政府の民主化や、イギリス国内での児童労働の制限や奴隷労働の廃止などが行われました。中でも選挙制度の改革は、のちの選挙改革への突破口を開いたとされています。

これらを主導したのが、チャールズ・グレイですが、ウィリアム4世も反対派議員に圧をかけるなどして、選挙法政正案の成立を助けたとされています。この改革により、腐敗選挙区の廃止や議席の再分配、選挙権の拡大などが行われました。それにしても腐敗選挙区の廃止や議席の再分配など、最近でもよく耳にする言葉です。

こうしてみると、政治の中枢を担う議員たちのやり方は、200年前からあまり変わっていないのかなという気がしないでもありません。

また、それから2年後、メルボルン子爵を首相に任命しましたが、これは議会の反対を押し切ってのこと。数々の実戦に身を投じてきた王様らしく、こと政治に対しても気骨あるところが散見されます。

姪の成人を見届けて

ウィリアム4世が晩年、もっとも気にかけていたのは、弟ケント公エドワードの娘ヴィクトリアのことです。正室との間に生まれた2人の娘を生後まもなく亡くしており、自身の直系の王位継承者はいません。

そこで、次の王位継承者ヴィクトリアにつつがなくバトンをタッチするために、心を砕いたのです。

彼がヴィクトリアのことを心配しな

〔図表39　ヴィクトリア〕

119

ければいけなかった理由は、ヴィクトリアの母、ケント公妃ヴィクトリア・メアリーにあります。ケント公妃は、権力欲の強い女性だったようです。

なぜなら、早くも自身の妊娠中に、お腹の中の子が将来王位を継承する可能性について思いを至らした彼女は、ドイツからロンドンに移り住みヴィクトリアを出産しているのです。自分の子どもが王位を継承する際にイギリス生まれのほうが、有利に働くという計算があったのでしょう。

じっさい、ヴィクトリアが王位継承者となると、ケント公妃は自らが摂政であるかのようにふるまいはじめたのです。たとえばケンジントン宮殿の部屋を占有したり、本来は王と王妃のみに許された王礼砲を王女のためにするよう海軍に要求したりと、度を超えたふるまいには、ウィリアム4世はもちろん国民までもが眉をひそめていました。

ウィリアム4世のヴィクトリアの母への怒りがいかに深かったかを物語っているのが、彼の70歳の誕生日のスピーチです。自分の誕生日を祝う席であるにもかかわらず、ウィリアム4世は次のような激しい言葉を並び立てたといいます。

「余の寿命があと9か月保たれることを念じている。そうすればここに座る若きレディーがめでたく成人し、行動も能力も信用できない人物が摂政となることを避けられるからである」

若きレディーとはヴィクトリアのこと、行動も能力とも信用できない人物とはケント公妃のことです。面前で自身をはげしく罵倒されたケント公妃は、はげしく立腹し、ヴィクトリアは泣き出したと伝わりますが、伯父の言葉に感じるところがあったのか、即位したその日から母を遠ざけるようになりました。

将来世界各地を植民地化・半植民地化して繁栄を極めた大英帝国を象徴する女王となる片りんを感じさせる、大いなる器を感じさせるエピソードです。

そして、本人の願い通りウィリアム4世は、ヴィクトリアが成年に達したわずか1か月後に他界するのです。なんとも見事な幕引きであると感心せずにはいられません。

Victoria

ヴィクトリア

生没：1819年5月24日 ― 1901年1月22日
在位：1877年1月1日 ― 1901年1月22日

10. 太陽の沈まぬ国の女王
ヴィクトリア女王

　大英帝国がもっとも繁栄をきわめていた時期に王座にあったのは、誰もがその名を知っているヴィクトリア女王です。在位期間も長く、今のエリザベス2世に次ぐ63年7か月もの間、王座を守りました。

　ヴィクトリアは、父ケント公エドワードと母ヴィクトリア・メアリーの一人娘として、1819年5月24日、ロンドンのケンジントン宮殿で生まれました。

　11歳の時には、暫定的ではありましたが、王位継承者に指定されます。暫定だったのは、当時王位にあったウィリアム4世に子どもが生れる可能性がまったくないとは言い切れないからでしたが、当時、王はすでに64歳と高齢でした。王も自身の子を持つことは半ばあきらめていたようで、姪であるヴィクトリアに期待を寄せていたといわれています。

　そんなヴィクトリアの将来に夢をもった母のケント公夫人は、自身が摂政を務めるがごとくふるまいはじめます。しかしヴィクトリアはさほど母の影響を受けることはなかったようです。

　少女時代には、家庭教師を務めたレーツェン女史に教育を受け、また母の弟であるレオポルドから手紙などを通じて王としての心構えなどの教示を受けていました。

　英明さを備えたヴィクトリアは、1837年英国女王に即位した日から、それまで同じ部屋で寝ていた母と寝室を別にします。これは、彼女が独立の意志を示し、王としての尊厳を高める行為となったように思われます。

　即位当日、ヴィクトリアが出席して行われた枢密院会議では、出席者が彼女の毅然とした態度や堂々とした勅語に感心したと伝わっています。

　ヴィクトリア朝の最初の首相であるメルバーン卿は、女王の信頼を一身に集めました。彼自身も女王のために尽くしましたし、彼の洗練されたマ

ナーや話術が女王を魅了したといわれています。

結婚と死別

　1840 年 2 月には、いとこであるアルバートと結婚します。この結婚は、叔父のレオポルドのすすめもありましたが、2 人が顔を合わせたとき、ヴィクトリアは、彼の姿と知性に一目惚れしたそうです。

　ヴィクトリアは、結婚当初こそ外国人であるアルバートを政治に参加させることを拒みますが、2 人に次々と子どもが生れるため、徐々にアルバートの補佐が必要となり、最後には共同統治のような形となっていきました。

　1861 年、アルバートが 42 歳という若さで亡くなると、ヴィクトリア女王は、10 年以上も喪に服しました。しかしあまりに長く人前にでることを拒否し、政治の世界からも遠ざかったため、次第に世間では彼女を批判する声が高くなってきました。

　そんな折り、バルモラル城での馬係のスコットランド人ジョン・ブラウンとの出会いで精神的な落ち着きを取り戻したようで、少しずつ外出の機会も増えました。

　また 1874 年から首相を務めたベンジャミン・ディズレリーとは政策上の多くの意見が一致し、強い信頼を寄せていました。自ら庭で摘んだ桜草をディズレリーに贈っていたという女王のかわいらしい一面も記録されています。

　1887 年には在位 50 周年記念式典が開催され、各国の王族や皇族が出席しました。そのさらに 10 年後には在位 60 周年記念式典が行われましたが、このときはヴィクトリア本人の希望により、参加者が各国の王室や皇室ではなく、世界各地の植民地の首相や駐留連隊の代表者を招きました。

　いわば「帝国の祭典」として執り行われたのです。このとき、日本からは伊藤博文が出席しています。

　ヴィクトリアの治世下で大英帝国は、地球の陸地面積の 4 分の 1 を支配するまでに至りました。アフリカや中東、アジアなどを支配下に持つ、まさに「太陽が沈まない国」となったのです。

Victoria
ヴィクトリアのコイン

　コインの表には 20 歳の頃のヴィクトリアの肖像。裏面は、宝珠と笏を
もった女神ウナがライオンを従えている姿が描かれています。通称「ウナ
＆ライオン」と呼ばれるこのコインは、世界中のコレクターの憧れの 1 枚。
このコインを知らずしてコインを語ることはできない、とまで言われるほ
どの存在で、「世界で最も美しい金貨」の異名を持つ程です。

　発行数が 400 枚と少ない上に、デザインの素晴らしさによる人気の高
さにより入手は困難ですが、いつかは手に入れたい逸品です。

〔図表 40　1839 年ヴィクトリア女王 5 ポンド金貨 発行数 400 枚程度〕

王座のために生まれて

そもそもヴィクトリアが生まれたのは、王位継承者を増やしたいという王室や政府の目的によるものでした。それというのも王位継承順位 1 位から 3 位の伯父たちに子どもがおらず、父のケント公も正式に結婚しないまま 27 年間にわたり愛人と生活していたのです。

母も未亡人であったため、ケント公との結婚話が持ち上がったときには、すでにもうけていた 2 人の子どもをどうするか悩んだといいます。

しかし結局両親は、自分たちが子どもをもうければ将来、イギリス王室の王位を継ぐ可能性があることを念頭に結婚しました。このとき、父のケント公はすでに 51 歳という高齢でした。そして、ヴィクトリアが生まれたわずか 8 か月後にこの世を去ります。

夫を亡くしたヴィクトリアの母ケント公妃は、ドイツ出身で英語が話せず心細い思いをしましたが、ヴィクトリアの王位継承の可能性を考え、イギリスにとどまります。

十数年後、母親のケント公妃の思いがみのり、ヴィクトリアはイギリスの王位を継ぐこととなったのです。

洗礼式での出来事

王族にとっては、待ちに待った後継者となる嫡子の誕生でありながら、ヴィクトリアの洗礼式では、伯父による意地悪な仕打ちがありました。

その伯父とは、当時摂政王太子だったジョージ、のちのジョージ 4 世です。

ジョージ 4 世といえば、歴代王の中でも 1、2 を争う困った王様でしたが、ここでも一筋縄ではいかないところを見せています。

まず、王太子ジョージは、もともとヴィクトリアの洗礼式に出席しないと言っていたにも関わらず、突然出席しました。しかも自身が仲良くしていたロシア皇帝アレクサンドル 1 世を伴っての参加です。ロシア皇帝は、このとき、たまたまイギリスを訪問していたのでした。

さて式がはじまると、カンタベリー大主教が、何と名付けるかと問うと、

自らに命名権があると主張したジョージが、ロシア皇帝アレクサンドルの女性名である「アレクサンドリナ」と答えたのです。じつは、父のケント公は、イギリス女王にふさわしい名をつけたいと思っていました。ですから、せめて「エリザベス」という名をミドルネームにつけるよう主張したのですが、これもジョージに却下されます。そこで、しかたなく母のケント公妃の名から「ヴィクトリア」と名付けることにしました。

　このような経緯から、「アレクサンドリナ・ヴィクトリア」というイギリスらしからぬ名前がつけられたのです。しかし、さすが希代の女王というべきか、このヴィクトリアという名がその後イギリスの一般的な名前として根づいていくことになるのです。そういえばサッカーの貴公子とよばれたデヴィッド・ベッカムの妻もヴィクトリアという名でした。

　ヴィクトリア女王の時代には、ヴィクトリア朝と形容されるような絢爛な文化がうまれましたが、ヴィクトリアという名前をイギリスに根づかせたのも彼女だったのですね。

女王の日記

　ヴィクトリア女王は、13歳から亡くなる数週間前まで日記を書き続けていました。その量なんと141巻43000ページにもおよびます。一般人には想像もつかないイギリス帝国の王座の重圧や政治のこと、国へのヴィクトリア思い、いっぽう夫や子どもを愛し家庭的な一面もあったとされるヴィクトリア女王の素顔も垣間見ることができて読む側にとっては、とても興味深い資料だと言えるでしょう。

〔図表41　ヴィクトリア〕

　少し彼女の日記に書かれた言葉をひろってみましょう。たとえば、即位の日の日記にはこんなことが書かれています。

「私が王位につくのが神の思し召しなら、私は全力をあげて国に対する義

務を果たす。私は若いし、多くの点で未経験者である。だが正しいことをしようという善意・欲望においては誰にも負けないと信じている」

このときヴィクトリアはわずか 18 歳という若さでした。これから王位という重圧をせおっていかねばならぬ若い女性の並々ならぬ決意が感じられます。

また、それから 1 年後の戴冠式の日には黄金の馬車でウェストミンスター寺院に向かう道すがら、女王を寿ぐ人々を目にし

「このような国民たちの女王となることをいかに誇りに思うことか」

と、書き記していますが、すでに国母としての貫禄すら感じさせる文章です。

この日記、女王の君主としての感想や誓いのみならず、時には彼女の内面をも映し出しています。たとえば、彼女が父とも慕っていたメルバーン卿ですが、日記での記述が最初は「メルバーン卿」と書かれていたのが、信頼が深まるにおよび「M卿」と省略して書かれるように。また、はじめて貴族院に出席した日の日記は

「彼が王座の側に控えていてくれるだけで安心できる」

と、その心のうちを記しています。

考えてみるに、赤ん坊のうちに父と死に別れ、兄弟姉妹もなく、同世代の遊び仲間は限られた子どもたちのみ。女王となってから、実の母すら遠ざけて王位を守り続けていたヴィクトリアにとって、日記は唯一の心許せる友達のような存在だったのかもしれません。

なお、これらの日記は "Queen Victoria's Journals" というウェブサイトで公開されています。

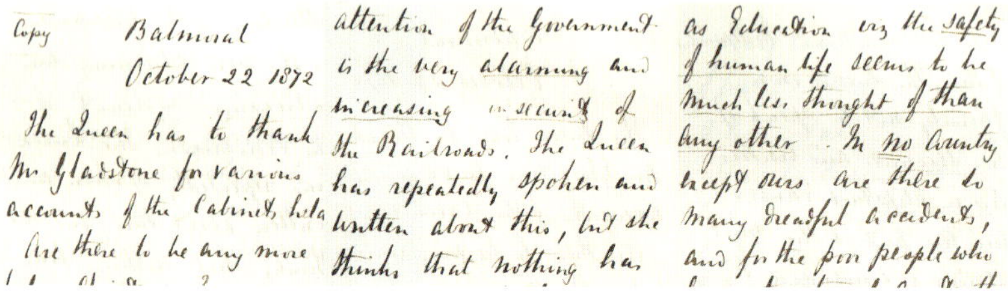
Copy Balmoral
October 22 1872
The Queen has to thank
Mr Gladstone for various
accounts of the Cabinet, held
Are there to be any more

attention of the Government
is the very alarming and
increasing accidents of
the Railroads. The Queen
has repeatedly spoken and
written about this, but she
thinks that nothing has

as Education or the safety
of human life seems to be
much less thought of than
any other. In no Country
except ours are there so
many dreadful accidents,
and for the poor people who

〔図表42 女王の日記〕

寝室女官事件

　寝室女官事件などと聞くと、宮廷を舞台にした艶めいた事件かと思ってしまいそうですが、さにあらず。この事件とは、ヴィクトリア女王と時の党首ロバート・ピールによる人事に関する政治的対立のことです。

〔図表43　左：ヴィクトリア　中：メルバーン子爵ウィリアム・ラム　左：サー・ロバート・ピール〕

　日記のところでも少し触れましたが、ヴィクトリア女王は、自身が即位した当時より首相のメルバーン卿に厚い信頼を寄せていました。ところが、あるとき政権交代により首相がメルバーン卿から保守党のロバート・ピールに変わることになったのです。その知らせを聞いたヴィクトリアは、泣き崩れたといいます。それほどまでにメルバーン卿を頼りにし、慕っていたのでしょう。

　ところで、当時、政権が変わると同時に宮中の女官たちも人事を刷新されることが習慣となっていました。このときもピールが女官たちの入れ替えを主張したのですが、女王が女官は女王の私的人事であるとして拒否するのです。

　何度か説得や話し合いが試みられましたが、女王とピールの溝はうまらず、結局ピールは首相を辞退することとなり、再びメルバーン卿がふたたび政権を担うことになりました。

　60年後、当時のことを振り返ったヴィクトリア女王は、
「あのときの私は若かった。同じようなことが再びあったとしたら私は違う行動を取ったでしょう」
　と、回想したそうです。年を取ってからは、大局的に物を見られるようになっていたようです。

しかし若かった当時のヴィクトリアにとっては、母からも、信頼していたメルバーン卿とも離れることになったうえ、親しくしていた女官たちまでもが遠ざけられることに耐えられなかったのでしょう。

この事件の裏には若い女王の孤独が垣間見えるように思えてなりません。

女王が一目で恋におちた相手

王座について2年が過ぎた頃、周囲がそろそろ女王に結婚相手をと気をもみはじめました。いっぽう当の女王はメルバーン卿に対して「当分、結婚する気はない」と、そっけない返事。

しかし、1839年の秋、ウィンザー城を訪れたアルバートに会った女王は、一目で彼のことを気に入りました。彼の整った容姿と、その高い教養が、女王のハートをわしづかみにしたようです。なお、アルバートは、ヴィクトリアの母ケント公妃の兄の次男で、2人はいとこ同士にあたります。

じっさいヴィクトリアの一目惚れ度はどれほどだったかといいますと、2人が顔を合わせたわずか2日後に「アルバートと結婚したい」と、周囲にもらし、さらに5日後には、結婚を申し入れたという熱の入りようです。

ちなみにプロポーズの言葉は「あなたが（結婚という）私の望みを叶えてくれたら、どんなに幸せでしょう」と、いうもの。

ロマンチックですね。こんな言葉を男性から言われたらどんな女性も、ときめいてしまいそうですが、これを言ったのはなんと女王陛下のほう。君主であるという理

〔図表44　ザクセン＝コーブルク＝ゴータ公子アルバート〕

由からプロポーズはヴィクトリアのほうから行ったのです。

　カッコ良さすら感じさせるヴィクトリアは、今でいうハンサム・ウーマンのはしりのような女性ではないでしょうか。

　それからわずか4か月後、2人は結婚式を挙げます。2人の仲はむつまじく、4男5女9人もの子をもうけました。子女はヨーロッパ各国の王族や貴族と婚姻し、40人の孫、37人のひ孫が誕生したことから晩年ヴィクトリアは、ヨーロッパの祖母とも呼ばれました。

白いウェディングドレスの先駆け

　花嫁のドレスが"白"というのは、今や常識です。白は、花嫁の色とまで言われていますから、うっかりゲストが白いワンピースなど着て参列しようものなら、周囲からマナー知らずと思われてしまうかもしれません。

　しかし、実はウェディングドレスの定番が白色となったのは、わずか約180年前のとある出来事がきっかけだというのをご存知でしょうか？なにをかくそう、それまでは、結婚式のドレスの色はまちまちで、白を着ることはむしろ珍しかったのだとか。

　その出来事というのが、ヴィクトリア女王の結婚式。シルクサテン製の純白のドレスで人々を魅了したのが、誰あろう、ヴィクトリアだったのです。彼女が結婚式で来た白いドレスが評判となり、花嫁たちはこぞって白

〔図表45　ヴィクトリアとアルバートの結婚式〕

いドレスを着るようになりました。それが流行から、やがて定番となっていったのです。一説にはわずか 10 年で、白いウエディングドレスが定着してしまったとも言われています。

ヴィクトリア女王の影響力の高さに驚く思いです。

長すぎた服喪の期間

仲むつまじかったアルバートと、ヴィクトリアの別れは突然でした。アルバートがわずか 42 歳の若さで、腸チフスのために息を引き取るのです。死の間際まで、アルバートは、体調の悪さをおして外交問題に取り組んでいました。

また、長男である王太子バーティが度々問題を起こすことに対しては頭を悩ませており、体調の悪い中、王太子に説教をするためにケンブリッジを訪問して、さらに体調を悪化させてしまいます。

アルバートの死の床でヴィクトリアは、夫の手を握りしめていたといいます。その後、叔父に向けた手紙の中で、

「生後 8 か月で父を亡くした赤ん坊は、42 歳でうちひしがれた未亡人となってしまいました。私の幸せな人生は終わりました」

と、嘆いたということです。

ヴィクトリアの悲しみは、なかなか癒えることなくその後 10 年以上にわたり喪服姿のまま公の場から姿を隠すようにして暮らしていました。

そんな女王に対して、国民は最初のうちこそ同情していましたが、そのうちに公務に出ない彼女を批判する声が高まってきました。

しかし、国民の目の届かないところでヴィクトリアは外交問題については、深い関心を寄せており、政府にもきめ細かく指示を出していました。

そんな隠遁生活に終止符を打たせたのは、1868 年に首相となったベンジャミン・ディズレーリです。もともとヴィクトリアは、彼に対していい印象を持っていなかったのですが、アルバートの記念碑の設立などに力を尽くしたことから、信頼を寄せるようになりました。やがてその寵愛ぶりは、メルバーン卿に対するものより勝るほどにまでなったそうです。

1887年6月には在位50周年記念式典が、その10年後には在位60周年記念式典が開催されています。在位50年記念式典（ゴールデン・ジュビリー）には、世界各国の王室や皇室関係者が招待されました。いっぽう60周年記念式典には、世界各地にあるイギリスの植民地の首相などが招待されています。

〔図表46　ヴィクトリア女王 在位50周年記念式典〕

そんなヴィクトリア女王も晩年は、その影響力が陰りをみせはじめ政治の面でも思い通りにいかないことが増えてきたようです。とはいえ、日常の業務は減るでもなく、80歳を超えても戦死者遺族に慰問状を書くなど業務をこなしていました。

そんな中、1901年に脳出血をおこし、寝たきりの状態となります。そして、同年1月22日6時半頃に崩御しました。

そのとき、彼女のベッドのまわりでは、たくさんの子どもや孫たちが見まもっていました。

孤独に生れ育った少女が、大勢の親族に囲まれて天に召されたわけですが、繁栄を極めヴィクトリア朝とも呼ばれた時代を象徴する女王の死は、世界中の人々に衝撃を与えたのではないでしょうか。

世界の4分の1を支配したほどの帝国イギリスの女王は、多くの人々から尊敬を集めていたはず。世界の至るところにある、ヴィクトリアという地名の多さがそのことを物語っているようです。

Edward VII

エドワード7世

生没：1841年11月9日 – 1910年5月6日
在位：1901年1月22日 – 1910年5月6日

ジェームズ1世 — アン・オブ・デンマーク

エリザベス

エ・ブ・ツ

チャールズ1世

2世 — メアリー・ヘンリエッタ — オラニエ公ウィレム3世（オランダ総督） — アン・ハイド — ジェームズ2世 — メアリー・オブ・モデナ — ヘンリエッタ・アン — フィリップ1世 — ソフィー

ウィリアム3世 — メアリー2世 — アン — ジョージ・オブ・デンマーク — ジェームズ — ジョージ1世

チャールズ — ヘンリー・ベネディクト — ジョージ2世

ジョージ3世

ジョージ4世 — ウイリアム4世 — エドワード

ヴィクトリア

エドワード7世

ジョージ5世

エドワード8世 — ジョージ6世

11. 外交問題で力を発揮した「ピースメーカー」エドワード7世

　ヴィクトリア女王とアルバートの長男として生れたエドワード7世は、父アルバートとヴィクトリア女王の父、ケント公エドワードの名前から「アルバート・エドワード」と名付けられました。愛称はバーティ。

　生後すぐに皇太子に叙されたバーティことエドワードは、厳格な両親の期待を一身に受けて育てられます。教育も遊びもすべて選び抜かれた最高のものが提供されていました。エドワードは、語学が得意だったようで、英語のみならずドイツ語やフランス語も流暢に話したと伝わります。

　しかし、そうした日々は、絶え間ないプレッシャーとの戦いでもありました。

　それまでの息のつまるような生活が一変したのは、大学に通うようになってからのこと。エドワードは次第に遊びを覚え、羽目を外すことが増えてきました。

女王から忌避されるバーティ

　それに業を煮やした父のアルバートが病身を押して、彼に説教をするために出向いたところ病気が悪化し、その後亡くなってしまいます。

　この不幸な出来事をきっかけに母のヴィクトリア女王は、エドワードのことを忌避するようになります。そして、エドワードに一

〔図表47　バーティ (Bertie)〕

切政治に関わらないようにさせていました。エドワードのほうも母を恐れていたようで、次のようなエピソードが残っています。

とある晩餐会にほんの1、2分遅れたエドワード。母に見つからないようにと体をかがめて部屋に入ったところ、遠くの正面に座っていた母から鋭い視線を浴びせられ、その場に立ちすくんでしまったというのです。

あの小柄ながらも貫禄たっぷりのヴィクトリア女王ににらまれたなら、エドワードでなくとも、凍り付いてしまいそうではあります。

しかし、母のヴィクトリアが死の間際、最後に発した一言は、枕元にいたエドワードに対する「バーティ」という言葉だったといいます。あるいは女王と皇太子という関係でさえなければ、親子である2人の仲はもっとスムーズだったのかもしれません。

エドワードの即位は60歳の時

ヴィクトリア女王が長命だった関係で、エドワードが即位したのは、60歳の時のことでした。ですから、彼がエドワード7世として王座についていたのは、わずか10年ほどにすぎません。

しかし、短い期間にもかかわらずエドワードは、外交手腕を発揮し、ヨーロッパの安定に寄与しました。そのことから、彼はのちにピースメーカーとあだ名されることになります。

なお、エドワード7世の代では王朝名がハノーヴァー朝からサクス=コバーグ・アンド・ゴーダ朝と変更されました。これは、ヴィクトリア女王の遺言によるもので、父アルバートの家名にあたります。

そして、自らの王としての名は、アルバートではなくエドワードを選びますが、その理由につては、

「アルバートといえば誰もが父の名を思い出すようにしたかった」

からだと説明しています。そんな逸話からも、エドワード7世の心の

Edward VII
エドワード7世のコイン

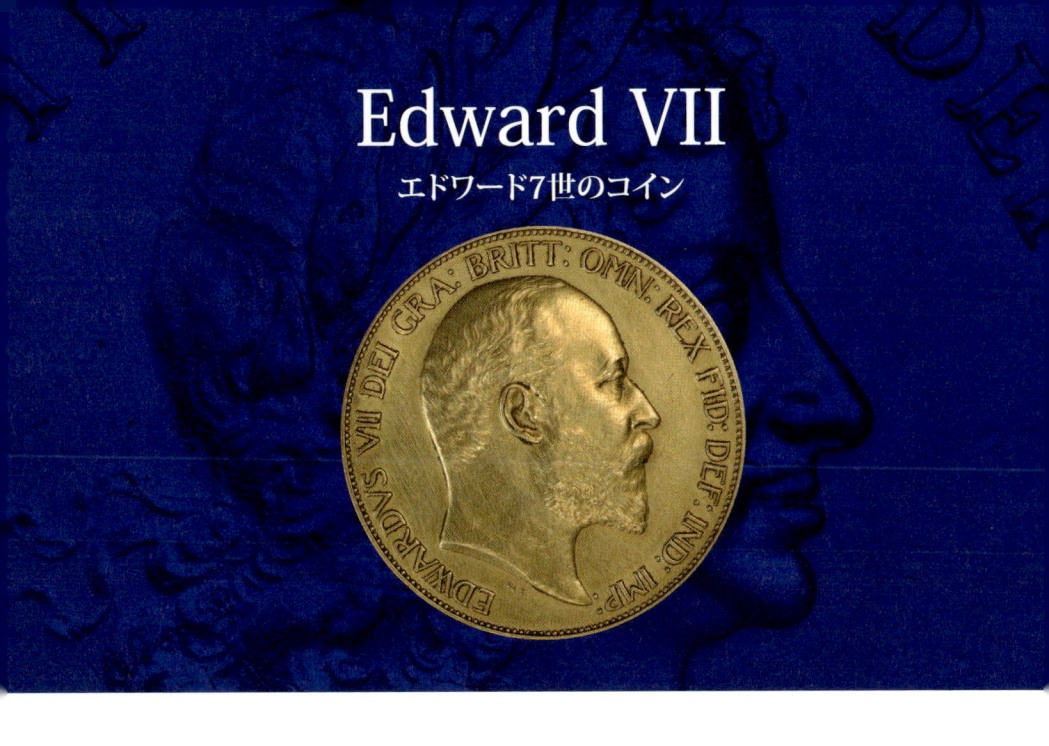

優しさがにじみ出ているように思えます。

　表面には豊かなヒゲをたくわえたエドワード7世の肖像が描かれており、裏面には、イタリア出身の彫刻師ピストルッチの手による聖ジョージの龍退治の図柄が彫刻されています。躍動感たっぷりな騎上の聖ジョージの姿が迫力を感じさせます。

　発行数が8066枚と多かったため、現存するコインも多く、価格的にも狙い目といえるコインです。

〔図表48　1902年エドワード7世5ポンド マットプルーフ金貨〕

ほぼドイツ人の王様

さて、ここまで時系列的にイギリス王家の婚姻についても追ってきました。読者の皆様は、すでにお気づきかと思いますが、ハノーヴァー朝においては、代々配偶者としてドイツ人が選ばれてきました。

ということは、英国王の地位を担いながらも、子、孫、ひ孫となるにつれ、ドイツの血がどんどん濃くなっているはずです。

では、じっさいのところエドワード7世に流れるイギリスの血はどれくらいなのでしょうか?

あくまでも計算上の数値であることをまずご理解いただくとして、順に見てまいりましょう。ハノーヴァー家初代のジョージ1世は、ステュアート王家ジェイムズ1世の娘エリザベスの孫ですから、ステュアート家の血はすでに1／8。ジョージ2世、皇太子フレデリック、ジョージ3世ともいずれもドイツ人の妃をめとっています。ですからヴィクトリア女王に流れる血は1／256となります。そして、エドワード7世となると、ついに1／512にまでなってしまいます。

つまり、ほぼドイツ人ですね。

妃候補の2人は、名前がそっくり

エドワードは22歳の時にのちにデンマーク王となるクリスティアン9世の娘と結婚します。その少し前から妃選びが行われていましたが、ここでちょっとした珍事がありました。

ヨーロッパの様々な国から妃候補が探されており、最終的に2人の候補が残ります。その2人というのが、母であるヴィクトリア女王が押す女性、プロイセン王家のアレグザンドリナ。父であるアルバート公が押す女性が、デンマーク王家のアレクサンドラ

〔図表49
アレクサンドラ・オブ・デンマーク〕

でした。

　この当時、同名の人物が多かったとはいえ、よりによってほぼ同じ名前の女性が 2 人残るとは、まったく奇遇です。最終的に、エドワードの希望により、デンマークのアレクサンドラが選ばれ、見合いを経て結婚に至ります。

　ちなみにもう一方の女性を推薦していたヴィクトリア女王ですが、アレクサンドラと会ってみたところ、一目で気に入ったとのことです。女王の見込み通り、アレクサンドラ妃は、明るい性格で誰からも好かれたのみならず、外国との王族との交流を通じて外交にも貢献しました。

　夫であるエドワード 7 世も、外交を得意としていましたが、もしかしたらアレクサンドラ妃の内助の功によるところも大きいのかもしれません。

〔図表 50　バーティーとアレクサンドラの結婚式〕

ピースメーカーとなった理由

　エドワード 7 世は、皇太子時代に母ヴィクトリア女王から、いっさい政務に関わらないようにと指示されていました。そんな中、唯一許されたのが、外遊です。しかしこれも政治に関与しないことということが条件でした。

　エドワードは、1869 年にエジプトやトルコ、ギリシャなどを訪問、それ以降もインド旅行アイルランドやアメリカ、カナダ、などを歴訪しています。王位についてからもヨーロッパの各国を訪問して友好を深めてきました。

　この外遊で培った彼の人脈が、ヨーロッパにおけるイギリスの地位向上に役立ったといえるでしょう。フランスおよびロシアと友好的な関係を築

いたのみならず日本とも日英同盟を結ぶなど、その外交手腕は歴代王族の中でも一段と光っています。

そんな彼の外遊からのエピソードをご紹介しましょう。

インドを訪問したエドワードは、女王の名代として、インドの星勲章をインドの藩王たちに授与しています。また、帰国する際には、お土産としてトラやヒョウ、象など動物たちを大量に船に乗せ連れ帰ったそうです。もちろん、ぬいぐるみではありません。生きた動物たちです。大英帝国の皇太子ともなるとスケールが違いますね。

また 1903 年のフランス訪問の際にはその流暢なフランス語でルーベ大統領の心をつかみ、パリ市庁舎での演説では、

「パリに戻ってくるたびにわが家のようにもてなしてもらえることが大きな喜びです」

と、語るなどして、反英的な空気が強かったパリ市民の心を氷解させています。

こうしてみると、皇太子時代から外遊を繰り返し、外からイギリスを見る目を養ったことが、外交手腕を磨くために役だったように思われます。

ファッションリーダーとしての一面も

じつはエドワード 7 世は、カジュアルファッションの生みの親とも言われています。というのも、かなりのファッションセンスの持ち主だったようで、大量の洋服を所持し、それをオシャレに着こなしていたようです。

タキシードの原型ともいわれるスモーキングジャケットは、1876 年、当時皇太子だったエドワードがとある国のカジノにたちよったときに「これは」と目をつけたことから生れたと言われています。おしゃれに敏感なエドワードはその流行を取り入れ、英国でのパーティーの際にディナージャケットとして着るようになったことから、英国中に広まっていったものだそうです。

遊び上手な皇太子は、趣味の観劇やスポーツ、外遊などを通じて、イギリス文化の成熟にも一役かっていたのですね。

George V
ジョージ5世

生没：1865 年 6 月 3 日 － 1936 年 1 月 20 日
在位：1910 年 5 月 6 日 － 1936 年 1 月 20 日

12. 青年時代には 世界各地の海を巡った ジョージ5世

　エドワード7世とアレクサンドラ妃の次男として生れたジョージ5世は、父の後をついで王位を継承するはずだった兄アルバートが28歳で亡くなったことから、45歳の時に王座についています。

　自身は母ヴィクトリア女王から厳しい教育を課された父のエドワード7世でしたが、その反動からか、ジョージも含め子どもたちはあたたかい雰囲気の中で家族仲良く育てあげました。

　そのことが関係あるかどうかはわかりませんが、兄のアルバートもジョージ本人も勉強は、そこそこのできだったようで、彼の自筆の文書には、誤字が散見されるそうです。

　そんなジョージでしたが、12歳の時には、早くも兄とともに海軍兵学校に入学し、ブリタニア号にて訓練を受けます。

　のちにバッカント号に乗り込み、3年間もの間、西インド諸島や南アフリカ、オーストラリアなどを歴訪しています。1881年には日本にも上陸し、狂言を鑑賞するなどしています。

　1890年には、砲艦スラッシュの艦長となりまし

〔図表51　ヴィクトリア・メアリー〕

143

た。海軍で長く生活しているうちに、航海が好きになりのちにウィリアム4世と同じセイラー青年時代には世界各地の海を巡ったジョージ5世キングのあだ名で呼ばれるようになりました。

兄の死で王位継承

そんなジョージの運命が大きくかわったのが、1891年のこと。兄のアルバートが、肺炎により他界したのです。ジョージは父の後をついで、王位を継承する立場となり、海軍から離れることになりました。

翌年、ヴィクトリア・メアリーと結婚、1910年には父の死亡にともない王位を継承しました。即位してすぐに内閣と貴族院の政治抗争への対処に着手し、当時首相であったアスキスを支持し、議会法の成立に一役買っています。

1914年、第一次世界大戦が勃発。この戦争は、ヨーロッパ中の王室が没落するきっかけとなり、イギリス王室にとっても厳しい舵取りが要求されることとなりました。イギリス王室は、戦争相手であるドイツとの関わりが深いことから、国民感情を考慮する必要があったのです。

このとき王室は、それまで祖父アルバートの出自からサクス＝コバーグ・ゴータ家と名乗っていたのを、ドイツを想起させることを避けるため、居城にちなみウィンザー家と改称しています。

さらに、このときジョージ5世は戦線や野戦病院などに出かけて兵士たちを激励してまわるなどし、国民の信頼を勝ち得ます。

第一次世界大戦の後も対内外の政治的危機を乗り越えたジョージ5世は、内閣に対してよき助言者としての足場を築きあげてきます。即位25周年記念式典では、自らを「ごく平凡な1人の人間である」と語るなど、国民から信頼される王となりました。

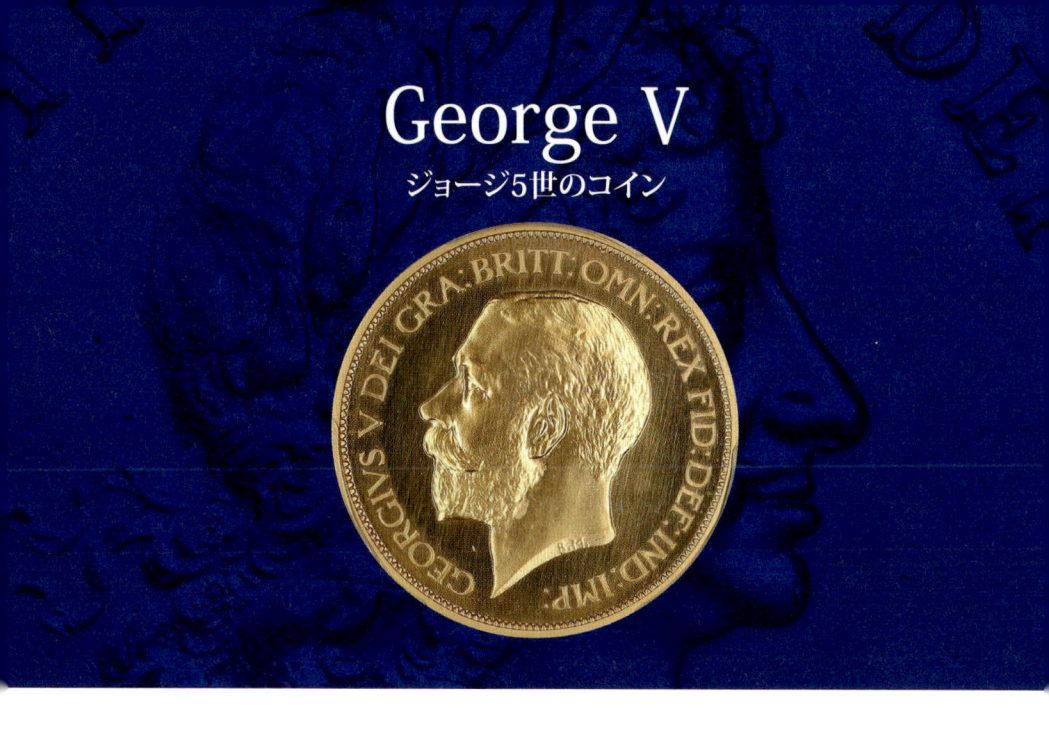

George V
ジョージ5世のコイン

　コインは型をつかって鋳造されますが、その型が新しいうちに鋳造されると、浮き彫り装飾の表面は霜が降りたような独特な白さとなります。こういう状態のコインはカメオと鑑定され、さらにその白さが強い状態のものは、ディープカメオ鑑定という鑑定がつきます。

　残念ながら、ジョージ5世のコインは、ディープカメオ鑑定のものはありませんが、せめて希少価値の高いカメオ鑑定のコインを入手したいもの。

　公平な政治的態度を保ち、つねに国民とともにあるというメッセージを出し続けたことで、イギリスでも高い人気をほこるジョージ5世。コイン全体の発行数もさほど多くはないので、安値のうちの購入がおすすめです。

〔図表 52　1911 年ジョージ 5 世 5 ポンド金貨 発行数 2,812 枚〕

ジョージ5世の政治手腕

　王位についた直後に、内閣と貴族院の争いに巻き込まれたジョージ。それまで貴族にとって不利な法案には、貴族側が拒否権を発動することができたのですが、ジョージはこれに対抗してアスキス首相を支持。それがきっかけで、政府は議会法の成立にこぎつけます。続いては、アイルランド独立法案を成立させ、将来自治領として独立させる足がかりをつくります。

　第一次世界大戦後は、イギリスではじめて労働者の権利擁護と生活の向上をめざす労働党内閣が誕生しますが、ジョージは内閣と協調路線をとりました。また、1931年にマクドナルド労働党内閣が崩壊したときには、ジョージ自らが仲介を行い、マクドナルド挙国一致内閣を成立させています。これにより、イギリスは当時世界中で進行していた世界恐慌に対応しようとしたのです。

　こうしてみると、ジョージ5世という人は、つくづく時代の流れを読むのに長けた才能を持っていると思わされます。それだけではなく、公正かつ良識をもった王様だったようです。今上天皇の皇太子時代に教育係をつとめた小泉信三博士が、天皇教育のために用いたのがジョージ5世の伝記だったというのもうなずけます。

兄の婚約者と結婚

　ジョージの兄のアルバートは、メアリー・オブ・テックと婚約をかわしたものの、ほどなくして肺炎により急逝しまいます。そのため、ジョージは兄に代わって父の後をついで王位を継承することとなったのですが、その際、もう1つ兄から引き継いだものがあります。それが兄の婚約者メアリーでした。

　兄思いだったジョージが、メアリーに同情して彼女を自分の結婚相手にと望んだとも、あるいはメアリーの才能を見込んだヴィクトリア女王がジョージに彼女と結婚するよう説得したとも言われています。

　メアリーは、すぐれた教育を受けており、聡明で芸術に対しても深い関心を持っていました。

晩年は、夫のスピーチを手助けするなど、ジョージ5世をよく支えたそうです。夫婦仲も悪くはなかったようで、2人の間には、5男1女が生れています。

また夫のジョージ5世が、切手収集や射撃、騎乗などに熱中していたのに対して、メアリーは骨董品やミニチュア家具の収集などを趣味としていました。夫婦そろって多趣味であったことも、夫婦仲が良好だった秘訣なのかもしれません。

〔図表53
ジョージ5世とメアリー・オブ・テック〕

そっくりさんはロシア皇帝？

この時代、ヨーロッパの王族同士が、婚姻を繰り返していたため、多くの国の王たちは従兄弟同士の関係でした。たとえば、ジョージは、戦火を交えたドイツのヴィルヘルム2世とも従兄弟同士です。

ジョージ5世とロシア皇帝のニコライ2世は3歳違いの従兄弟同士ですが、じつはジョージの母、アレクサンドラと、ロシア皇帝ニコライの母マリアは姉妹同士。このデンマーク王族の美人姉妹は、うり二つと呼ばれるほどに容姿が似ていました。

その血をひいたジョージとニコライも見た目がまるで双子のようにそっくりでした。国賓が集まるような席に2人そろって出席すると、互いに間違えられたといいます。

1881年に日本を訪問したジョージは、横浜にて龍の入れ墨を施したというエピソードがありますが、それから10年後同じく来日したニコライは長崎で右腕に龍の入れ墨を入れたそうです。

こうした話を聞くと、2人は容姿だけではなく、趣味嗜好も似ていたのかもしれないと思えてきます。

Edward VIII

エドワード8世

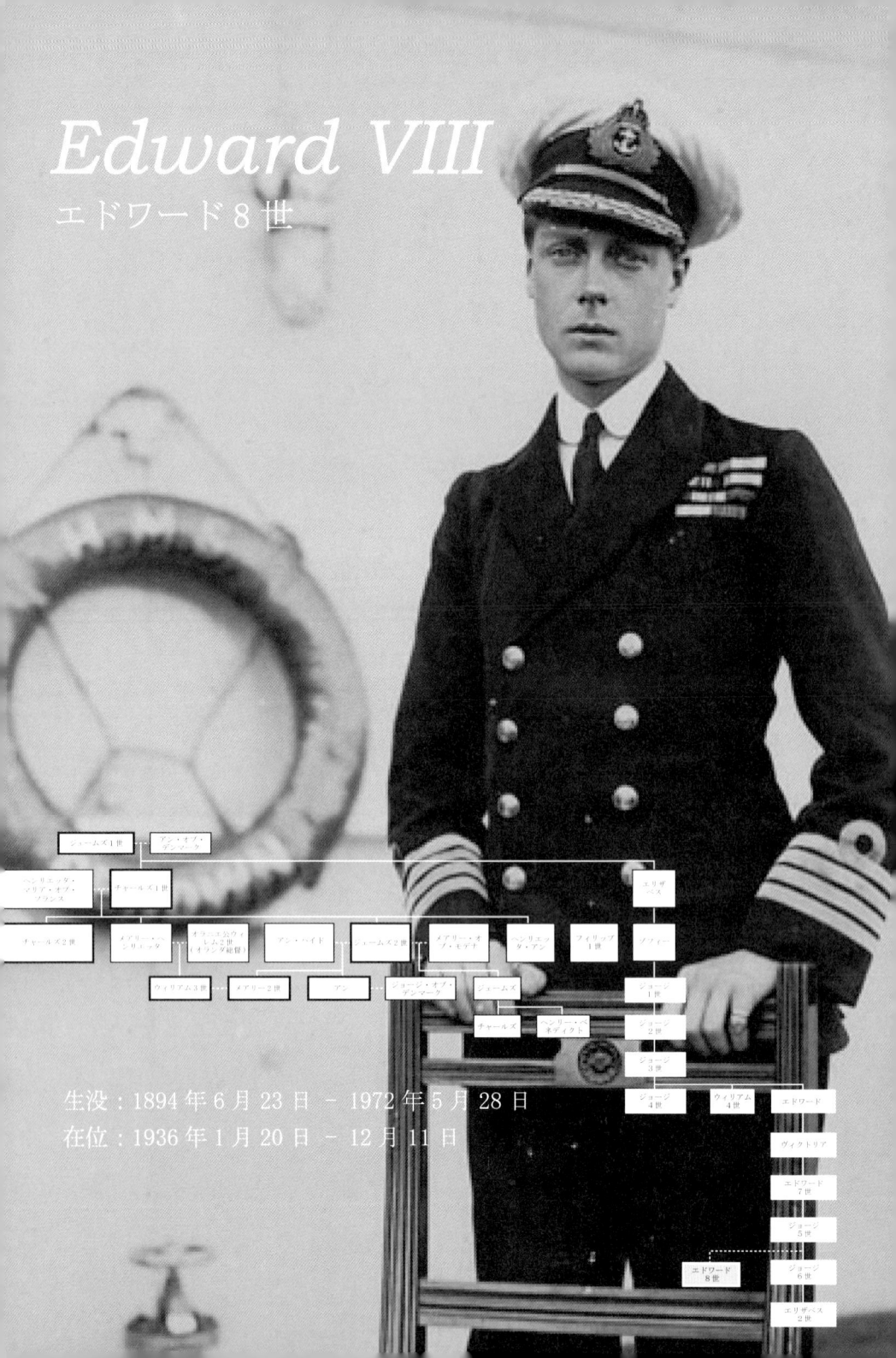

生没：1894 年 6 月 23 日 − 1972 年 5 月 28 日
在位：1936 年 1 月 20 日 − 12 月 11 日

13. わずか325日で退位したエドワード8世

ジョージ5世とメアリー妃の長男として生れたエドワード8世、生れたときの名前は、エドワード・アルバート・クリスチャン・ジョージ・アンドルー・パトリック・ディヴィッドとやたらに長いものでした。

自宅で家庭教師から教育を受けていたのは、13歳頃までで、それ以降は、オズボーン海軍兵学校に入りましたが、海軍ならではの過酷なトレーニングには馴染めなかったと伝わります。さらにダートマス海軍兵学校でも2年間教育を受けていました。

1910年皇太子プリンス・オブ・ウェールズに叙されたエドワードは、翌年、ウェールズにあるカナヴォン城で叙位式を行いました。そのとき、ウェールズ語で答辞を行いましたが、これ以来、プリンス・オブ・ウェールズの答辞はウェールズ語で行うことが慣習となりました。

第一次世界大戦のときには、ヨーロッパ各地の戦線に立ち、積極的に兵士たちの慰問も行いました。この活動は、終戦後も続けられ、イギリスの植民地や自国内を訪問してまわりました。

もともと気さくな性格だったエドワードは、誰とでも気軽に会話を交わしたことから、その美男子ぶりともあいまって訪問先ではたちまち人気者となったと伝わります。

アメリカ人女性との恋

人好きのするタイプであったエドワードは、女性関係も派手でした。人妻や貴族の令嬢、芸能人まで様々な女性と浮き名を流しています。中でも彼に王位を捨てさせることになったのが、アメリカ人女性ウォーリス・シンプソンです。エドワードが真剣に結婚を考えていたとき、ウォーリスは、人妻で、しかもこれが二度目の結婚でした。

父であるジョージ5世のみならず、ほとんどの国民がこの2人の交際に反対しました。そのためエドワードは、父が亡くなった後、独身のままエドワード8世として王位を継承します。

　しかし、恋心が断ちがたく、国民にウォーリスとの結婚を訴える決意をしますが、それに反対したボールドウィン首相が退位するようせまったのです。そのことがきっかけとなりエドワード8世は退位を決意しますが、そのニュースが流れたとたんに、イギリス国内は大混乱に陥りました。

　戴冠式に臨むことなく325日という短い期間で王座を去ったエドワード8世のこの出来事は、「王冠を捨てた恋」と語り継がれています。

人間味あふれるふるまい

　労働者や一般兵士といった人々の間に入りこみ、気軽にコミュニケーションをとっていたエドワード8世。そんな彼の、いわゆる王族らしからぬふるまいを伝えるエピソードが残っています。いくつかご紹介しましょう。

　王族としてはじめてラジオ放送に出演したのは彼。どんな内容をしゃべったのか聞いてみたいものです。また、タバコを吸っている写真を撮らせたりしています。

〔図表54　ウェールズ大公エドワード（1932年）〕

　いっぽう大学では、王制に批判的な共産主義の歌を歌ったこともありました。その真意のほどはわかりかねますが、これがエピソードとして残っているということは、その歌を聴いた人たちは、よほど驚いたということなのでしょう。

ロンドンの高級レストランで、オーストラリアの兵隊たちが入店を断られているのを見たときは、彼ら全員を自分のテーブルに招いて食事をごちそうするなど、太っ腹なところを見せていますし、趣味も多彩で、キツネ狩りや乗馬、ゴルフなどをたしなんでいたそうです。

こうしたエピソードを見てみると、もしかしたらエドワード8世は、王族という冠を取り去って、一般男性のように自由に生きたかったのかもしれないとも思わされます。

エドワードの恋が許されなかった理由

イギリス王室にとって恋のゴシップは、よくある話で、人妻や寡婦、娼婦を相手にしたり、また十数人あるいは何十人もの愛妾を持つなど、歴代の王様も野放図に恋愛模様を繰り広げてきました。

ところが、そんな中でもエドワードと人妻ウォーリス・シンプソンの恋は、許されざるものだったのです。それは、エドワードがウォーリスと結婚をしたいと思っていたから。加えて教会の影響がありました。

〔図表55　ウォリス・シンプソン〕

歴代の王様たちが、妃とした相手はいずれも独身あるいは寡婦でした。ところが、ウォーリスは交際している当時には人妻であり、しかも二度目の結婚で、前夫も生存していました。

エドワードは、ウォーリスを無理やり離婚させ、自分の妻にしようとしたのですが、イングランド国教会では離婚を禁じています。イギリス国王は国教会の首長も兼ねているため、こうしたやり方はとうてい許されるものではありませんでした。

人妻を交際相手に選ぶエドワードに対し、父のジョージ5世は頭を悩ませていたといいます。そして、「自分が死ねば1年以内にエドワードは

破滅するだろう」と予言めいた言葉を残すのですが、じっさい、父王の死後エドワードは1年近くで王位を投げ出すことになるのです。

王冠を捨てさせた恋の顛末

王位についたエドワードでしたが、周囲の懸念をよそに、ウォーリスを連れて王室のヨットで海外旅行に出かけたり、ペアルックのセーターを着用して公の場にでるといった行動をとります。ウォーリスのほうも離婚の手続をすすめ、エドワードと結婚できる準備を整えました。

ことここに及んで、国民の関心は、ウォーリスの王妃としての適正より、エドワードのふるまいがイギリス王室の存在を揺るがしかねない点へと移りつつありました。

さらに皇太子時代から、エドワードがヒトラーやムッソリーニといった独裁政治家に理解ある態度を取っていたことが問題となり、議会が紛糾し、彼の立場はいっそう苦しいものとなります。

このとき、エドワードの中では、まだ王位を捨てる気持ちはありませんでした。むしろ、ラジオをつうじて、ウォーリスとの結婚に対する決意を訴えるつもりでいたのです。しかしそれを知ったときの首相ボールドウィンがそれに反対し、エドワードに「王とシンプソン夫人の関係が公になれば総選挙となり、その

〔図表56　ユーゴスラビアでウォリスとともに休暇を過ごすエドワード8世（1936年）〕

争点は王個人の問題に集中するであろう。それは、王位や王制そのものに対する問題へと発展する可能性がある」と、厳しく糾弾し、暗に王位をしりぞくようすすめたのです。

　それをきっかけにエドワードの気持ちが一気に退位へと傾きます。そして12月10日にそのニュースが世界をかけめぐりますが、このときまで、エドワードがウォーリスとの結婚をあきらめることを発表するだろうと予測していた国民にとっては、大きな衝撃となりました。ロンドン市街地では、商業施設の機能が停止したほどだったと伝わります。なお、日本でもこのニュースが夕刊などでトップニュースとして扱われています。

　翌日、ラジオ放送を通じて、エドワードは王である前に1人の男性であり、自分の心のままに従うべくウォーリスとの結婚のために退位するのは後悔がないと語りました。そして、
「愛する女性の助けと支え無しには、自分が望むように重責を担い、国王としての義務を果たすことができない」
　と、いう言葉が今も王冠をかけた世紀の恋を象徴する言葉として、語りつがれています。

George VI

ジョージ6世

ウィリアム 4世	エドワード	
	ヴィクトリア	
	エドワード 7世	
	ジョージ 5世	
エドワード 8世	ジョージ 6世	
	エリザベス 2世	

生没：1895 年 12 月 14 日 － 1952 年 2 月 6 日
在位：1936 年 12 月 11 日 － 1952 年 2 月 6 日（連合王国国王）
　　　1936 年 12 月 11 日 － 1947 年 6 月 22 日（インド皇帝）

14. 努力する姿が映画にもなった ジョージ6世

　エドワード8世の突然の退位により、もっとも迷惑をこうむったのは、この人かもしれません。エドワード8世の弟であり、現イギリス女王エリザベス2世の父にして、前イギリス王ならびに最初のイギリス連邦元首ともなったジョージ6世です。

　じつはジョージ6世、あらかじめ兄から退位の意向など全く知らされておらず、兄が退位の決意を首相に告げた日から遅れること3日目にして、ようやく彼の耳にその事実が入ったというのです。なんとも陰の薄い人物という印象ですが、じっさいに王位につく前の彼は国民にその存在がさほど知られていませんでした。

　というのも、彼は生来病弱で慢性胃炎やX脚など体の不調に悩まされてきました。しかも、吃音症をわずらうようになり、青年になった後もそのことが原因でどちらかというと内気な性格に。

　王位につくことが決まったときも

「ひどいことが起こった。私は(国王になるための)何の準備もしてこなかった」

　と、とりみだしたといいます。

　しかし、王位についてからのジョージ6世は、父王ジョージ5世と同じように、国民に愛される王となりました。オーストラリア人のセラピストの治療を受け吃音症を克服したり、第二次世界大戦下で空襲にみまわれたロンドンにとどまったのみならず、国民と同じように制限された配給物資で過ごしていたことなど、その誠実な人柄が人々の信頼へとつながったのです。

英国王のスピーチ

　2010年のイギリス映画『英国王のスピーチ』は、ジョージ6世が吃音

George VI
ジョージ6世のコイン

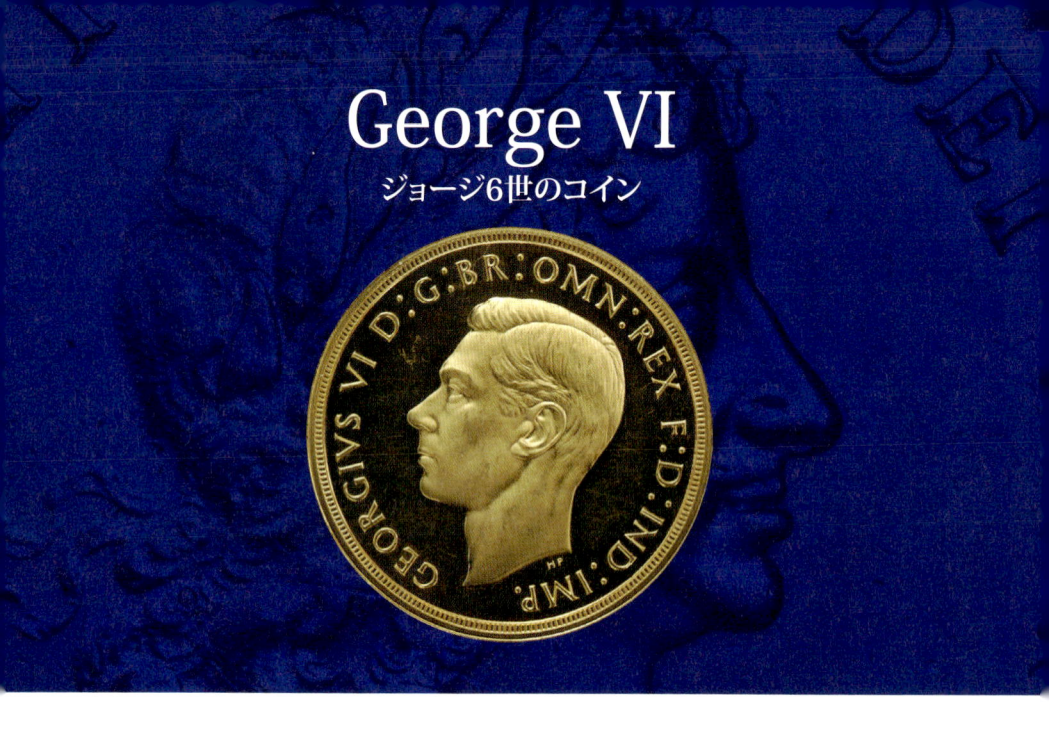

症を克服する様子を描いた作品ですが、この映画がきっかけで彼のことを知った方も多いのではないでしょうか。

入門編としておすすめのコイン

　吃音症や内気といったイメージのジョージ6世ですが、じつはかなりの美男子で銀幕のスターを彷彿とさせる整った容貌の持ち主です。そのためアンティークコイン界では、女性収集家からの人気が高い傾向があります。

　父王と同じく表は左向きの肖像、裏面はピストルッチ作の聖ジョージの

〔図表57　1937年ジョージ6世5ポンド金貨〕

龍退治のレリーフが掘られています。父王ジョージ5世のコインと併せて入手してもいいかもしれません。発行数も多く、よい状態のものが多いので、入門編としておすすめしたいコインです。

ジョージの誕生日とヴィクトリア女王

　ジョージ6世の誕生日は、1895年の12月14日です。しかし、この日は当時の女王ヴィクトリアの王配アルバートの命日でもありました。そのためジョージ誕生の知らせを聞いたヴィクトリア女王は
「あまりいい知らせとは思えない」
　と、言ったとか言わなかったとか。
　そんな空気を察したのでしょうか。祖父のエドワードが、ヴィクトリア女王の王配であったアルバートの名をつけたらどうかと提案し、アルバート・フレデリック・アーサー・ジョージと名付けられることになったのです。
　新しい王子がアルバートと名付けられることになったと聞いたヴィクトリア女王は、王子の母であるヨーク公メアリーに対して、
「12月14日は、私にとって悲しい出来事が起こった日でしたが、これからは大切な日になるかもしれません」
　と、アルバートという名で呼ばれる子供の誕生に対する喜びをつづった手紙を送ったということです。
　生まれた日のことで、偉大な女王の眉をひそめさせたジョージ6世ですが、その後アルバートという名前のおかげで、ヴィクトリア女王の機嫌を良いほうへ導くことができました。
　こうしてみると、この誕生時のエピソードは、王位につく前には、国民からも大丈夫だろうかと、やや懐疑的な目でみられていたものの、じっさいに王位についてみるとその誠実な人柄で、良き王としての評判を得ていった彼の人生そのものを象徴しているようにも思えてくるから不思議です。

恋愛結婚にあこがれたジョージ6世

　王冠より愛を選んだ兄エドワードとは異なり、ジョージ6世は、女性

に関しても至ってまじめなタイプでした。しかし、そんなジョージにも結婚に対しては、強いこだわりをもっていました。それは、自由恋愛による結婚を願っていたことです。

当時の王室は、各国の王族同士で婚姻を結ぶことが一般的でした。そんな中、スコットランドの貴族の娘として生まれたエリザベスに出会い、1921年、最初に結婚を申し込みます。このときエリザベスはこの求婚を断りましたが、ジョージはあきらめることなく、翌22年にも再度、彼女に求婚します。しかし、このときもジョージの思いが受け入れられることはありませんでした。

エリザベスがジョージの求婚を断ったのは、王族と結婚することにより、背負わなければならない重責への不安が主な原因だったとされています。

しかし、ジョージは

「彼女と結婚できるかどうかで、自分の運命が決まる」

とまで思い詰めていたようで、その後もあきらめることなく彼女にアプローチを続けました。そして1923年に2人はようやく結婚式をあげることができました。

エリザベス自身も貴族という身分ではありましたが、自由恋愛による結婚にこだわったジョージの結婚をロンドン市民は、新しい時代の王室の姿だと好感をもって受け入れたそうです。

さて、そんなエリザベスは、ジョージにとってどんな王妃となったのでしょうか。じつは彼女はとある人物に「ヨーロッパでもっとも危険な女性」と評されています。さて、その理由は？　続きは次項でお楽しみください。

ほほえみの公爵夫人は欧州一危険な女性？

ジョージ6世王妃エリザベスは、夫であるジョージ6世を公私にわたって支え続け、その温和な立ち居振る舞いから、「ほほえみの公爵夫人」とよばれ、国民から絶大な人気を誇りました。

でも、そんな彼女が一方では「ヨーロッパでもっとも危険な女性」とも言われていました。それは、なぜでしょうか。じつは、この言葉の主は、

かのアドルフ・ヒトラー。ドイツと敵対していたイギリスにおいて、第二次世界大戦中もイギリス国民の精神的支柱として、国民を支えていた彼女の活躍に危機感を覚えたことから発した言葉だったようです。

　結婚後のエリザベスは、夫のジョージが吃音症を治すための治療にも協力したり、外交のため各国を訪問するなど活躍の場を広げていきます。しかし、そんな彼女もジョージの王位継承は反対の立場をとっていました。それは、忙しい公務にジョージの体が耐えられてないと

〔図表58　1923年、結婚式（エリザベス・ボーズ＝ライアンとジョージ6世）〕

思っていたからです。彼女の心配は当たらずとも遠からずで、ジョージは56歳という若さで、冠動脈血栓症により命を落としてしまいました。

　夫を亡くしてからも、エリザベスは王位を継いだ自らの娘、エリザベス2世を助けるなど、王太后として王室運営を支えてきました。そして、101歳という長寿を全うしたエリザベスは、現女王エリザベス2世に看取られて天国へと旅だったのです。

　じつはこのエリザベス王太后は、故ダイアナ妃についで人気の王妃だと言われています。晩年の写真に残されたグランドマザーと呼ぶにふさわしい微笑みをたたえた表情が印象的です。

父王ジョージ5世の運命をたどるように

　ジョージ6世の人生を眺めてみると、父であるジョージ5世との類似点がいくつも見られます。じつは2人とも次男であったことから、本来であれば王座に就く予定はありませんでした。ジョージ5世は兄の早世のため、ジョージ6世は、兄が王冠を捨てて恋に走ったためと、王座を

〔図表 59　映画：英国王のスピーチ (The King's Speech)© Creative Commons〕

つぐことになった理由に違いはありますが、2 人とも予期せぬ王位だったのです。そのため幼少期には、いずれも帝王教育を受けていません。そのことが、ジョージ 6 世が王座につくことになった際に思わず口走ったという「私は国王になるための準備を何もしてこなかった」という言葉に表れています。

　まじめで誠実という性質だけでなく、体型も似ていたようです。ジョージ 5 世は、自分と同じ X 脚に生まれついたジョージ 6 世の幼少期には、脚の矯正をするためのギプスを着用させています。ジョージ 5 世は、自らの X 脚に対してコンプレックスを持っていたとされていますが、おそらく息子には同じような思いをさせたくなかったのでしょう。

　また 2 人とも海軍に所属しており、王座についていたときには、同じように世界大戦を経験しています。なんとも不思議な感じがしますが、こういったことは歴史が時折みせる不思議なストーリーなのかもしれません。

15. 最長在位をほこる現役の女王 エリザベス2世

1926年4月21日ロンドンのメイフェアにて、ジョージ6世とエリザベス王妃の長女として誕生したエリザベス2世。エリザベス・アレクサンドラ・メアリーという名は、母のエリザベスと父方の曾祖母アレクサンドラ、父方の祖母メアリーにちなんで名付けられたものですが、家族からはリリベットというかわいらしい愛称で呼ばれていました。母と同名であることから、若干ややこしいのですが、エリザベス2世の即位後、母はエリザベス王太后と呼ばれるようになりました。また、父のジョージ5世はエリザベスをとてもかわいがっていたようです。

幼い頃は、伯父のエドワードおよび将来生まれるであろう彼の子どもが王位継承するとみられており、彼女自身が王位につくことは本人も周りも想像していませんでした。しかし、エドワード8世が即位したものの1年にも満たない間に、王位を捨てたことから、父のジョージ6世が王位を継承、エリザベスはたちまち王位の推定相続人となったのです。エリザベスが10歳の時のことでした。

1939年には第二次世界大戦が勃発。ロンドンにも戦火がおよびましたが、両親の方針によりエリザベスと妹のマーガレットは疎開することなくロンドンにとどまっています。そして戦争が終結に向かう頃から徐々に公務に携わるようになりました。

1947年にフィリップ王子と結婚

1947年、ギリシャおよびデンマーク王子のフィリップと結婚し、翌年チャールズ王子、2年後にアン女王が誕生。アンドルー、エドワードとフィリップ王子との間に3男1女に恵まれました。

1952年、父のジョージ6世が逝去。翌年、エリザベス2世は戴冠式を

Elizabeth II

エリザベス2世のコイン

　行いましたが、その様子は、世界各国にテレビ中継されました。以来、半世紀以上にわたり英国女王の座を守り続けています。

　1989年より、イギリスでは、ほぼ毎年のように5ポンド金貨が発行されており、エリザベス女王の肖像を描いたコインは数も種類も豊富です。デザイン性もバラエティ豊かで、最近ではシャーロット王女の洗礼式の記念コインなど話題となった物も少なくありません。

　これらモダンコインは、アンティークコインの古びた味わいとはまた異なり、新しさゆえのまぶしい黄金の輝きに惹かれるファンの方も多いのです。さらに言うなら、アンティークコインとは異なり、お値段が手頃なの

〔図表60　2012年エリザベス女王即位60周年記念5ポンド金貨〕

も魅力。手が届く価格のうちに購入して、値上がりを楽しみに見守るというコインコレクションの楽しみ方も可能なのです。

人気があるのはヤングエリザベスシリーズのコイン

エリザベス女王のコインは、種類が豊富なのですが、中でも人気があるのが、1980年から84年にかけて発行された「ヤングエリザベス」とよばれるシリーズのコイン、女王の麗しい横顔とほっそりとした首筋の美しさが男性コレクターを引きつけてやまない逸品です。

また1999年に発行された故ダイアナ妃の追悼コインは7500枚も発行されたのですが、現在では流通量が激減しており、市場では入手困難な状態が続いているほどの人気です。悲劇のプリンセスへの追慕の情がこの人気に拍車をかけているのですね。

以下の文章は、もしかしたら不敬とのそしりを受けるかもしれませんが、投資目的でエリザベス2世女王のコインをとお考えの方は、今のうちに購入されることをおすすめします。というのも女王は御年90歳を超えるご高齢。いつまで王座についておられるか定かではありません。じっさいに夫のフィリップ王子は、2017年96歳というご高齢を理由にすべての公務から引退をされています。

絵画や彫刻といった美術品は、作者が亡くなった後にぐんと値が上がることが常識です。ダイアナ妃のコインが未だ人気が高いのも、あの美しい姿をせめてコインの中だけでも、というコレクターの心理が働いているからゆえだと思われるのです。

さらに投資目線で考えますと、エリザベス2世女王の後は、順調に王位が継承されれば、チャールズ皇太子、ウィリアム王子、ジョージ王子と男性の王位継承者が続きます。コイン投資の世界では、男性のコレクターが9割を占めるせいか女性の肖像が描かれているコインのほうが人気が高いという傾向があります。となれば、現在のエリザベス2世女王のコインは狙い目かもしれません。

少しコイン目線の脱線が過ぎたようでございます。失礼いたしました。

様々な障害を乗り越えた末のロイヤルウェディング

1947年11月20日、ウェストミンスター寺院で、エリザベス女王とフィリップ殿下の結婚式が盛大に行われました。4メートルの長いトレーンがついたシルクのドレスに身をつつんだエリザベス王女にとって、それは待ちに待った結婚式でした。

というのも、2人の出会いは結婚式をさかのぼること8年前、エリザベス女王が13歳の時のこと。イギリス国内のダートマス海軍兵学校で、当時ギリシャとデンマークの王子だったフィリップと出会ったエリ

〔図表61　ウェストミンスター寺院での婚礼〕

ザベスは彼に一目惚れしたそうです。ちなみにエリザベスもフィリップもヴィクトリア女王の玄孫にあたります。王族同士で婚姻をくり返していたヨーロッパですから、このような例は珍しくありません。

ただ2人の結婚にはいろいろと障害がありました。まずフィリップ殿下は、わずか1歳の幼少の時にギリシャでクーデターが起こり、ギリシャ国内を脱出しています。王子と呼ばれる身分でありながらそれ以降はヨーロッパ各地を転々とする生活を送ります。ですから、将来イギリス女王となるエリザベスの相手としてふさわしくないのではないかと批判をあびることもあったのだとか。

なお、結婚するにあたって、フィリップ殿下は、ギリシャならびにデンマーク王子の称号を放棄しています。

さらに問題になったのは、フィリップ殿下の家族がドイツの王族と婚姻していたり、親戚の中にナチスに関わった人物がいたことです。イギリス王室でも結婚に反対する意見があったようですが、2人の結婚の意思は強かったようです。将来、イギリス女王という重責を担うエリザベスにとっ

て、この日だけは1人の若い女性としての幸せに満ちた時間だったのではないでしょうか。

王女として木に登り、女王として木から降りた

父親であるジョージ6世がこの世を去ったとき、エリザベスはオーストラリアとニュージーランドへの公式訪問の途上で、アフリカのケニアにいました。

訃報が知らされたとき、現地では、木の上に設置された観測所で野生動物を観察していたことから、「王女として木に登られ、女王となって木から降りられた」と、当時のニュースが報じたそうです。

父王の死という悲しい現実と、女王として新たなる重責を背負うことになった25歳の若きエリザベス女王はどのような思いでアフリカの大地を踏みしめられたのでしょうか。

史上初テレビ放送された戴冠式

1953年6月2日、エリザベス2世の戴冠式が行われました。戴冠式が行われたのは結婚式が行われたのと同じウェストミンスター寺院。バッキンガム宮殿からウェストミンスター寺院までの沿道には、パレードをひと目見ようと、約300万人もの人々が集まったと言われています。

このパレード、とても華やかなもので、楽隊や英連邦諸国の軍隊の行進に続いて海外の王族や各国

〔図表62　戴冠時の女王夫妻〕

の首脳を乗せた馬車が進み、エリザベス女王がお乗りになったのは金箔に彩られた黄金の馬車。今も当時の写真で見ることができますが、まるでお

とぎ話のプリンセスが乗るようなゴージャスな馬車です。

　女王は白いシルクのドレスの上に長さ5メートル以上の儀式服をまとって戴冠式に臨みました。笏や宝珠を受け取ったあと、カンタベリー大僧正の手により頭に王冠を乗せられました。

　なおこの戴冠式は史上初めてイギリス国内のみならず世界中にテレビ中継されました。当時はまだテレビというメディアの黎明期でしたが、この放送をきっかけにイギリスではテレビを購入する家が増えたのだとか。これ以降もエリザベス女王は、自身の宮殿での生活をテレビで公開するなど、開かれた王室を運営していると、国民からの信頼も厚いのですが、メディアへの露出が、即位したその瞬間から始まっていたのだと思うと感慨深いものがあります。

一度だけ来日

　エリザベス女王は一度だけ日本を訪れたことがあります。1975年、女王が49歳の時のことです。

　5月7日に羽田空港に到着し、迎賓館で昭和天皇主催の晩餐会に出席、翌日はNHK放送センターにて大河ドラマの収録を見学されました。翌

〔図表63　エリザベス女王夫妻が初来日
© meiji092.blog.so-net.ne.jp〕

日は帝国ホテルから国立劇場までをオープンカーにのりパレード。沿道にはたくさんの人々が見学に訪れました。

　さらに翌日には、飛行機で近畿地方へ移動されました。このときの移動では、女王自身も乗るのを楽しみにされていた新幹線を使う予定だったのですが、折悪しく国鉄はストライキを行っていました。そこでやむなく空路での移動となったのです。なんとも間の悪い時にストライキがあったわ

けですが、平成の今の世では考えられない出来事だと言えるかと思います。

　京都に入ったエリザベス女王は、京都御所などを見学されました。翌日は三重県の伊勢神宮や鳥羽を訪れ、鳥羽国際ホテルに宿泊。5 月 12 日にはストライキも終わっていたことから、新幹線で東京に戻りました。新幹線について女王は

「新幹線は時計よりも正確だと聞いております」

　と、発言されたそうで、この新幹線を運転する運転士の腕の見せ所だったと思われます。女王の期待通り、新幹線は定刻通りに東京駅に到着したそうです。

　慌ただしい日程を終えて、女王は無事、羽田空港から本国へと飛び立ちました。

大の犬好き

　エリザベス女王はかなりの犬好きとして知られています。女王が 18 歳の時に父のジョージ 6 世からプレゼントされたのが 1 匹のコーギーです。それからというものエリザベス女王のそばには、いつもコーギー犬がいました。

　多いときには 13 匹ものコーギーを飼育されていたようで、故ダイアナ妃はちょこまかと走り回るコーギーたちのことを「動くじゅうたん」と呼んだとか。エリザベス女王はトータルで 30 匹以上のコーギーを飼ったことがあるそうですが、最近ではご自身のご高齢により最後まで育てることができないかもしれないからと、新しい犬を飼うことはあきらめていらっしゃるご様子です。

　ちなみにロンドンオリンピックの開会式で流れた 007 のスペシャルムービーを覚えていらっしゃいますでしょうか？　エリザベス女王とジェームス・ボンドがバッキンガム宮殿を歩くシーンで、その足下にコーギーたちもしっかりと映っているのです。会場へと向かうヘリコプターを見上げる二匹の演技力たるや、主役を食ってしまいそうな表情です。その後の女王陛下のパラシュートダイブ（スタントマンが演じていますが）の

印象が強すぎますが、コーギーたちの演技もすばらしかったと思います。さすが女王陛下のペットですね。

いずれにしてもエスプリの効いたとても印象的なムービーでした。英国ならではのワンダフルな演出だったと思います。

エリザベス女王からダイアナ妃、そしてキャサリン妃へ

ダイアナ妃がつけていたU字型のダイヤモンドの間につり下げられたティアドロップ型の真珠が並ぶ気品あるデザインのティアラ。これは、「ケンブリッジ・ラバーズ・ノット・ティアラ」という名称で、もともとはエリザベス女王が使っていたもの。結婚を機に、エリザベス女王がダイアナ妃にプレゼントしたのです。

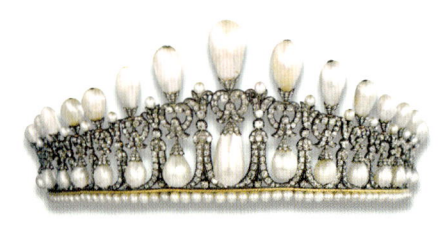

〔図表64　ケンブリッジ・ラバーズ・ノット・ティアラ © nationaljeweler〕

ちなみにこのティアラの名称の一部である「ノット」は結び目の意味。ダイヤの飾りが結び目に見えることからその名がついたもようです。

ダイアナ妃の金髪によく映えていたティアラですが、彼女がこの世を去ったことで、目にする機会も失われたかに思われました。

ところが、最近このティアラが再び脚光をあびたのです。このティアラを身につけたのは、キャサリン妃。晩餐会に出席したキャサリン妃が、赤いドレスや白いドレスに合わせて、このティアラを着用しており、イギリス王室ファンや王室のファッションウオッチャーから感慨を持って受け止められているようです。

私もエリザベス女王や2人の妃がティアラを身につけた写真を拝見しましたが、同じティアラだとは思えないほどに、その人の美しさになじんでいたことに驚きました。

第3章
コインの歴史

アンティークコインの楽しみ方

　アンティークコインに魅せられた私は、アンティークの街、神戸を拠点として、日本の皆様にイギリスコインを中心にご紹介しておりますが、コインにはじつに多彩な味わいがあります。コレクションアイテムとしての魅力はもちろんのこと、近頃では、資産運用のためにコインを用いるという方も少なくありません。

　そして、コインといえば、なんといってもそのデザイン。コインに刻まれた王族の肖像や神話をモチーフとしたレリーフ彫刻は、美術品としての価値も内包しています。美術品を手のひらの上で愛でるといった楽しみ方は、金の延べ棒では味わえないものです。

〔図表65　1817年ジョージ3世クラウン試鋳銀貨スリーグレーセス〕

　さらに言うならば、コインに刻まれているのは、王の肖像や神話をモチーフとした図柄だけではありません。そのコインが生まれた背景、はたしてきた役割など、コインを通してみるその国の歴史が刻まれているのです。もちろん、目には見えませんが。

イギリスコインの歴史について

　この章では、イギリスのアンティークコインから見た歴史をお伝えしたいと思います。じつは日本には、これまでごくわずかな専門書や学術書以外には、イギリスのアンティークコインについてまとめた本がほとんどありませんでした。コインコンシェルジュを標榜する私としては、ぜひ皆様にコインのことをもっと気軽に知っていただきたいと筆をとった次第です。

ハンマー打ちから鋳造への移り変わり

ジェームズ 1 世がイングランド、スコットランド両国の王となり、その統治下で発行されたのがユナイトと呼ばれたコインです。ユナイトコインは、それまで使われていたソブリン金貨にかわって鋳造されたものです。

なお、ユナイトという言葉には統一という意味があり、ジェームズ 1 世は、イングランドとスコットランドの両国を自分の統治下に治めたということを世に知らしめるという意図も込めてこの金貨を発行したと考えられます。

ジェームズ 1 世亡き後、王位についたチャールズ 1 世ですが、クロムウェル率いる清教徒革命により公開処刑をされてしまいます。共和党の政権下では、クロムウェルの肖像を刻んだクラウン銀貨が発行されましたが、これは従来のようにハンマーでつくられたものではなく、鋳造された初めての銀貨であるとされています。

〔図表 66　オリバークロムウェルを描いた半クラウン銀貨。1656 年と 58 年に発行〕

手打ちから機械化へ

　クロムウェルが亡くなってわずか 2 年後の 1660 年、王政復古がなされチャールズ 2 世が王位につきます。チャールズ 2 世の政権下では、コイン製造の機械化が進展しました。とは言え、王位についた直後のチャールズ 2 世は多忙で、クロムウェルらの共和制政治を王政へと再修正するためにコインの鋳造に時間をかけている余裕はありませんでした。チャールズ 2 世は、王座についてからわずか 1 か月でコインの鋳造を再開しましたが、最初の 2 年間は、ハンマーによる手打ちという従来通りの方法でつくられていたそうです。

　1661 年、自身の政治基盤が整ってくると、チャールズ 2 世は、機械によるコインの製造を命じます。じつはチャールズ 2 世は、聖教徒革命の機運が高まった頃、フランスに亡命していたことがあります。フランスでは、1640 年代から機械を用いてコインが製造されていまし

〔図表 67　ハンマー打ち貨幣〕

たし、おそらくチャールズ 2 世は、亡命先のフランスで機械で鋳造されたコインに触れる機会があったことでしょう。その影響で機械によるコインの製造を早々に命じたのだと想像できます。

ギニー金貨の名前の由来

　ちなみにこのとき、新しくつくられた 20 シリング金貨は、使われていた金の産地がギニアだったことから、ギニー金貨と呼ばれ、この後 250 年間にわたって、イギリスのコイン史に燦然と輝くことになります。

　また、この金貨にはいくつか特長があります。1 つは 22 カラットの標準金のみが使用されたこと。これ以来、金貨には日付が刻印されるようになりました。なお、この金貨が登場したことで、これまでイギリス国内で

流通していた様々な金貨が統一されました。

　1662 年、当時造幣局があったロンドン塔に圧延機やスクリュープレスといった機械が設置され新しい製法でのコイン鋳造が始まりました。機械導入当初は、コインの製作にもかなりの時間やコストがかかっていたようですが、ほどなく 2 秒に 1 個のコインが製造できるようになったと言われています。

コインの形と均一性

　製法が変ったことで、コインの出来映えも向上しました。馬が引くコイン圧縮機を用いることで、コインの厚みは均一となり、形もより正確な円形となったのです。

　また、スクリュープレスを用いて、強い力で圧印できるようになったために、はっきりとしたレ

〔図表 68　　　　　　　　　　　〕

リーフを刻印することができるようにもなりました。写真で見比べていただくとよくわかるのですが、機械を用いて製造されたコインと、これまでの手打ちの物との違いは歴然としています。

〔図表 69　エッジの装飾〕

　さらに、厚みのあるコインをつくれるようになったことから、縁を装飾することも可能になりました。これ以降のコインは縁にギザギザを入れたり、文字を刻むなど、様々な工夫がなされています。

　じつは、5ギニー金貨の縁には、王の即位年号と共に「ＤＥＣＵＳ　ＥＴ　ＴＵＴＡＭＥＮ」という言葉が刻まれています。「装飾と守護」という意味なのですが、「装飾」はともかく「守護」という言葉がコインに刻まれるのは少し不思議な感じがします。

　これはコインの側面から金を削り取られるのを防ぐという意味もあるそうです。当時は、金貨から金を削り取るという行為が後を絶たなかったからです。

　この「装飾と守護」という言葉ですが、1983年から導入された1ポンドにも受け継がれていました。2017年度に新しく発行されたポンドからは消えているようですが、伝統を重んじるイギリスならではという感じを受けます。

〔図表70　ウィリアム3世 メアリー2世 5ギニー金貨〕

コインの紋章と肖像

　17世紀後半のコインに記されたイギリス王室の紋章の十字架や肖像画などは、デザイン的に優れた物が少なくありませんでした。また共同統治を行ったウィリアム3世とメアリー2世の2人の肖像が描かれたコインなどもつくられました。1枚のコインの表面に2人の人物を描くという高度な構図が採用されたのです。

複雑な貨幣制度

　時代が下るとギニー金貨は貿易や産業において徐々に重要な役割を果すようになり、40年後には、当初の2倍額に相当する1億1330万ポンドに及ぶ金額分が生産されるようになります。

　中世から近代にかけてのイギリスの貨幣制度はかなり複雑です。たとえばギニー金貨の価値も公的には20シリングと決められていましたが、発行当初から10年間は21シリング6ペンスで交換されていました。

　さらに17世紀末になると、フランスとの戦争が原因で財政が逼迫しましたが、それに加えて機械で製造されたコインと、ハンマー加工の古い銀貨が混在して流通していたことで、市場はさらに混乱していました。

この頃、すり減ってしまった銀貨は、流通している間に、クリッピングといって切り刻まれてしまうことも少なくありませんでした。

　銀貨の硬貨としての価値が下がれば下がるほど、金の価値が上がり、ついに 1695 年には、金貨の価値が 30 シリングにまで上がります。

　そこで、政府はハンマー加工の銀貨を回収し、鋳造しなおして機械で鋳造された整ったコインを流通させるようになりました。これが功を奏し、見た目も美しく鋳造しなおされた銀貨はクリッピングされることもなくなり、その分、ギニー金貨の価値も徐々に下がりました。

〔図表 71　1813 年ジョージ 3 世ギニー試鋳金貨〕

ユナイト金貨

　1600 年代の初頭、イングランドとスコットランドがジェームズ 1 世を王とする同君連合となったことから、スコットランドとイングランドのコインを統一することとなりました。

　そこで誕生したのがユナイトと呼ばれる金貨です。Ｕｎｉｔｅという

〔図表 72　ユナイト金貨〕

単語には、統一するとか、合体するといった意味がありますが、コイン裏面にも王の意思を示すがごとく「私は彼らを1つの国民にしよう」という言葉が刻まれています。

ローレル金貨

　ジェームズ1世が鋳造させた金貨のうち、月桂冠をつけた彼の肖像が刻まれた金貨は、ローレル（月桂冠）という名で呼ばれていました。この硬貨ははじめて、表面にその価値を示すＸＸ、Ｘ、Ｖといった印が入れられました。ＸＸはローレル貨、Ｘは半貨、Ｖは4分の1貨を表しています。

　このような印が入った背景には、1600年代当初より次第に金の価値があがり、相対的に銀の価値が下がりつつあったことがあげられます。そのため金貨に使われる金の量が少なくなるという事態が起こっていたのです。1612年には1ユナイト金貨＝22シリングという取り決めがなされましたが、それもわずかの間に改訂されることとなり、金貨の重量が少なくなっていく中で、これまでの金と銀による両本位制が立ちゆかなくなり、「1枚の硬貨を通貨単位とする」という考え方が定着していったのです。このローレル貨は、そうした考え方を数値化して目に見える形で示した最初の金貨ということになります。

〔図表73　1623-1624年ジェームズ1世 ローレル金貨〕

ギニー金貨

　この頃、金貨の材料となった金はアフリカのギニアから輸入されたものでした。そのため非公式な名称ではありますが、ギニー金貨という愛称がついたのです。この金貨は、その後、250年もの長きにわたる貨幣制度の中心となる記念すべきコインと位置づけられます。

　ギニー金貨は、それまで製造された中で最も軽いコインとなりましたが、1670年以降、8.38グラムと重さが固定されました。また、2ギニー金貨や5ギニー金貨、1／2ギニー金貨といったバリエーションも登場しました。

2人の肖像が描かれたコイン

　チャールズ2世の時代に、コインのレリーフを請け負っていたのは、ジョン・ロェティアーでした。彼はトーマス・サイモンとのコンペで勝利し、肖像デザインを手がけることになったのですが、実際、彼のデザインは見事なもので、1600年代後半の金貨は洗練された物が多く見られます。

　中でも特筆すべきは、ウィリアムとメアリーの2人が描かれたコインです。イギリスの金貨では初めて2人の肖像画が描かれたコインとして知られています。

〔図表74　ウィリアム3世とメアリー2世〕

1700 年代

　18 世紀に入ると、イギリスの首都ロンドンは、国際貿易の中心地としてその地位を確立していくことになります。1717 年には、ギニー金貨の価値は 21 シリングと固定されることになりました。

　じつは、この取り決めをしたのは万有引力の法則を発見した科学者アイザック・ニュートンです。当時、彼はイギリスの造幣局長官を務めていました。その後、ニュートンの後をついで造幣局長官に就任したジョン・コンデュイットは、1730 年に「イギリスの支払いのうち 9 割以上が、金で支払われている」と書き残しています。こうした記録からも、当時のロンドンには金が集まっていたことがうかがえます。

〔図表75
アイザック・ニュートン〕

　1730 年代になると、100 年以上も前から使われ続けてきた古い金貨を回収して鋳造し直すべきだという声が高まりました。そこで、1733 年から古い金貨の回収がはじまり、15,500 ポンド分の金貨が鋳造し直されました。

　18 世紀も後半に入ると、銀貨が廃れていき、その分金貨に重きが置かれるようになりました。17 世紀に 2250 万ポンドもの銀貨がつくられていたのに対し、18 世紀は 100 万ポンドしかつくられなかったというのですから、人々がいかに金に重きを置いていたかがわかります。しかも、銀貨は数が少ないために使用頻度があがり、文字やレリーフが判別できなくなるほど、すり減ってしまうという事態が起こりました。

　いっぽう、金貨の鋳造は増加の一途をたどり、1775 年以降、1800 年までに 4700 万ポンドもの金貨が製造されています。またこの頃には、どの国で採れた金を使っているかということが注目されるようになってきました。1702 年、スペインの V igo 湾での海戦においてイギリスが奪った

金銀から製造されたコインには、ＶＩＧＯの文字が刻まれています。

〔図表 76　1703 年アン女王 クラウン銀貨 VIGO〕

1770 年頃には、金貨の摩耗問題が浮上してきます。しかも商人や貿易業者は、摩耗が少なく、重さのあるギニー金貨を海外へと持ち出したことから、イギリス国内の金貨は、ますますすり減った物ばかりとなってしまったのです。

そこで、1773 年からは、摩耗した金貨が回収されるようになりました。同時に、摩耗の上限が 4.5 ％と定められ、それ以上摩耗した物は金貨ではなく金塊として扱われることになったのです。

ところで、商売をする人々にとっては、大きなお金よりも小銭のほうが使いやすいことから、巷では小銭のほうが必要とされていました。1700 年代前半には、小銭が足りなくなったことから、地方公共団体や商人が代用貨幣であるトークンを用いたことがありましたが、18 世紀の終わり頃にも商人たちを中心として様々なトークンが発行されています。

また 18 世紀末になると、イングランド銀行が紙幣を推奨しはじめました。紙幣の登場によりイギリス国内に何百という民間銀行のネットワークが誕生します。そして、これまで硬貨中心だった通貨の枠組みに変化の兆しが見え始めるのです。

〔図表 77　18 世紀末のイングランド銀行の紙幣〕

サードギニー

　ジョージ 1 世の統治下で発行されたサードギニーと呼ばれた金貨は、7 シリングの価値を有していました。イングランド銀行の要請により、1776 年以降、何度か発行されています。

〔図表 78　1776 年ジョージ 3 世サードギニー金貨〕

スペードギニー

　ジョージ 3 世の時代に鋳造されたギニーとハーフギニーには、王の右向きの横顔が描かれています。その中でもメジャーなものといえば、1787 年に発行されたコインです。英国王室の紋章である盾の形がスペードに似ているという理由からスペードギニーの愛称で呼ばれています。

〔図表 79　1787 年ジョージ 3 世スペードギニー金貨〕

1800 年代

金本位制の導入

　ナポレオンとの戦いから幕を開けたイギリスの 19 世紀ですが、その後の経済危機を乗り越えると、華やかな時代が到来します。その象徴が 1837 年に即位したヴィクトリア女王です。女王の治世は大英帝国繁栄の最盛期と言われています。産業革命や植民地との貿易など、当時のイギリスの経済発展はめざましいものでした。

　しかし、19 世紀末には、その繁栄にも陰りがみえはじめます。90 年代に入るとイギリスは経済的な地位や工業発展において、アメリカやドイツといった国々の後塵を拝することになります。

　コイン史においては、引き続き金貨に対する需

〔図表80　即位当日、最初の枢密院会議を開くヴィクトリア女王〕

要は強く、特に戦争を中心とした出資には効力を発揮しました。それに伴い、イギリス国内では通貨について事細かな議論が行われ、1805 年には、硬貨の改良についての条約が公布されました。

ソブリン貨幣の誕生

　1816 年に出された枢密院の勧告を受け、政府は金本位制度の導入を決定します。翌年 7 月には時の首相リヴァプールが「ソブリン貨もしくは 20 シリング貨」を発行することを発表しました。

　この硬貨は、「標準金でトロイ重量が 5 ペニー・ウエイト 3.2740 グレイン」もしくは、「1 ギニーの 20 ／ 21 の重さ」などと重さが厳密に定め

られます。また、裏面はピストルッチ作の聖ジョージと竜のデザインが採用されることになりました。

このソブリン金貨は、1917年まで流通用の金貨として発行されることになります。ちなみにソブリンという言葉には、君主という意味がありますが、これは15世紀に発行された20シリング金貨に当時の国王ヘンリー7世の肖像が刻まれていたことに由来しています。

〔図表81　1837年ヴィクトリア女王ソブリン試鋳金貨〕

他方、新しい物も古い物も、すべての金貨に対して、最低限の重量を定め、重さがそれ以下の物は流通させることが禁止されました。

しかし国民の間では、150年もの間、使用されてきたギニー金貨への愛着が強く、ソブリン金貨はあまり広まりませんでした。政府の思惑とは異なり、この金貨に対する人々の関心は薄く、流通した金の大部分はフランスに流れ、大量に発行されてからわずか2〜3週間のうちにフランスのお金に鋳造し直されてしまったと言います。

その頃、イギリス国内では地方により、紙幣に対する受け止め方が異なりました。イングランドとウェールズでは、紙幣より金貨を使用する人が多かったようで、紙幣が使われることが減り、その結果1826年には5ポンド以下の紙幣の使用が禁止されてしまいました。いっぽう、スコットランドでは金貨より紙幣がよく使われていました。

このような事態をうけて経済学者のデイビッド・リカードは、紙幣の利用を促進すべく金貨の流通を止めるべきという提言を行っています。金貨の代わりにと彼が提案したのが、金のインゴットです。リカードは、1インチの厚みで直径3センチほどの丸いインゴットを提案しましたが、デザインや構造が複雑だったために実際には採用されることはありませんでした。

その代わりに、シンプルな長方形型のインゴットが約2000個用意され

ましたが、なんとわずか 13 個しか売れなかったそうです。やはりただの
インゴットより、美しいレリーフが刻まれたコインのほうが、人の心を引
きつけるのでしょう。

ピストルッチ

　1800 年代のコインの彫刻家について触れておきましょう。1814 年イ
ギリスにやってきた宝石彫り師のピストルッチは、ジョージ 3 世の最後
の肖像やジョージ 4 世の最初の肖像を手がけました。彼はソブリン金貨
の裏面に採用された聖ジョージと竜のデザイナーとしても知られていま
す。ところで、ピストルッチが手がけたジョージ 4 世の肖像は、月桂冠
をつけた雄々しい姿のものでしたが、王自身がこのデザインを好みません
でした。

　ジョージ 4 世は、
他の彫刻家がつくった
肖像に変更するよう申
し入れましたが、ピス
トルッチはこれを拒
否。そのため、ウィリ
アム・ワイオンがデザ
インを担当することに
なります。

〔図表 82　馬上から槍で竜を退治する守護者「聖ジョージと竜」〕

巨匠ウィリアム・ワイオンの偉業

　ウィリアム・ワイオンは、月桂冠をつけず、英雄的でありつつ優しさも
含めた王の肖像をつくり出しました。これ以降、ジョージ 4 世やヴィク
トリア女王の治世下において、ウィリアム・ワイオンは、数々の優れた肖
像を残しております。1828 年には、彫刻師長に選出され、ロンドン万国
博覧会のメダルをデザインするなど、活躍の場が広がりました。当時、彼
が手がけた中でも最も有名なソブリン金貨が「ウナとライオン」です。

ヴィクトリア女王の治世化では様々な文化が花開きましたが、コインの世界においても、今なお最高傑作と称される「ウナとライオン」が誕生したのもその背景に大英帝国の豊かな文化的土壌があったからに違いありません。ウナとライオン以外でもヴィクトリア女王の時代につくられたソブリン金貨は、優れたデザインの物が少なくありません。また、金貨の重さや純度といった点においても高いレベルを保っていました。

〔図表83　1839年ヴィクトリア女王ウナ＆ライオン5ポンド金貨　発行数400枚〕

〔図表84　ウナ＆ライオン〕

イギリスの貨幣制度を真似た国々

　1870年代までには、イギリスの金本位制度を参考にヨーロッパの各国やアメリカも金本位制度を取り入れています。また、海外でも広くイギリスの金貨が使われていました。ブラジルやポルトガル、エジプトといった国々でもソブリン金貨を自国通貨として使っていたのです。

　1857年セントラルアメリカ号という船が沈没したとき、積み込まれていた金貨は、ほとんどがアメリカでつくられていたものでしたが、かなりの量がソブリン金貨だったということです。

オーストラリア（シドニー）での貨幣鋳造

　19世紀半ばにオーストラリアで金が発掘されると、現地に貨幣鋳造所が作られ、ソブリン金貨とハーフソブリン金貨がつくられるようになりました。さらにその2年後にはシドニーで鋳造所の運営が始まります。し

かし、当初はイギリス本国以外でつくられたコインの品質が危惧されました。

　そこで、デザインを本国のものとは変え、「ＡＵＳＴＲＡＬＩＡ」や「ＳＹＤＮＥＹ　ＭＩＮＴ」といった文字が入れられていました。これによりイギリスでつくられたコインとオーストラリアでつくられたコインを差別化したのです。

　しかし時代を経て、ウィリアム・ワイオンの息子であるレオナード・ワイオンのデザインによるヴィクトリア女王の肖像が用いられるなど、シドニーでつくられたコインも一定の水準を満たしていたことから 1871 年には、ロンドンと同じデザインのソブリン金貨をつくることが認められました。のちにメルボルンにも鋳造所がつくられ、19 世紀末にはイギリスで流通していたコインの約 40％がオーストラリアの鋳造所でつくられたものだということがわかっています。

金貨の摩耗による損失

　イギリス国内では、ハーフソブリン金貨は、国外より国内でよく用いられ、その結果、摩耗率が高まりました。1860 年代後半までにソブリン金貨では 30％、ハーフソブリン金貨では 60％以上が基準となる軽量値を下回っていたといわれています。

〔図表 85　ザ・ミント（旧造幣局）〕

　1889 年、金貨の摩擦による価値の損失は、使用者ではなく国家が負担すべきとの議会制定法が定められました。その結果、銀行では摩耗した金貨分の損失に苦しむことになります。

　そこで、ディビッド・リカードは「貴金属を流通させなくても金本位体制を維持することができる」という論を主張しました。それを受け、1886 年、時の大蔵大臣は価値の高い銀貨と交換するためにハーフソブリ

ン金貨を全面的に回収すると主張、翌年にはダブル・フロリン白銅貨やクラウン銀貨が使用されるようになりました。

1890 年代初頭には、1 ポンド紙幣が導入され、財務大臣のジョージ・ゴッシェンは、「金貨を流通させることは贅沢だ」とまで断言しています。しかし、市民の中では金に対する信頼感が強く、また紙幣は偽造がたやすいという懸念もあり、結果として硬貨を使いつづけることになったのでした。

金品位の向上への道

ヴィクトリア女王の時代に製造されたソブリン金貨は 21 世紀においても法廷通貨として認められていましたが、その時代以前の金貨は回収されるようになりました。その結果、ソブリン金貨とハーフソブリン金貨の改鋳造システムが整います。

この頃発明された自動天秤により、改鋳造作業もたやすく行えるようになりました。それに先駆けて、王立造幣局では、発行前に金貨の重さを天秤で量っていましたが、最終的には機械で重さを量るようになっていました。

こうした周辺機器の進歩が金貨の品質向上にも役立ちましたし、品質管理を厳しくすることでソブリン金貨に対する信頼性が高まったとも言えます。

日常におけるソブリン金貨の価値とは

ところで実際に市中では、ソブリン金貨がどのように使われていたのでしょうか。もちろん通貨として広く使われてもいましたが、19 世紀後半のイギリスでは多くの市民は 20 シリング金貨を用いることが主流となっていました。

年収の高い人々にとっては日常生活で使うコインという位置づけではありましたが、貧困層の人々にとっては金貨を目

〔図表 86　ソブリン金貨の天秤量り
© antiquestruffle〕

にする機会はほとんどなかったと思われます。この頃の1枚のソブリン金貨の価値は、労働者の1週間分の収入に値すると考えられています。

　当時の小説やフィクションにもよくソブリン金貨が登場しますが、その取り扱われかたを読み解いてみると当時の人々が金貨をどのように考えていたかがわかり興味をそそられます。当時の人々は、金貨に額面以上の価値、まさにお宝ともいうべき憧憬のようなものを感じていたようで、ただの通貨として扱われていたわけではないようです。

20シリング貨

　金本位制の導入に伴いつくられることになった金貨で「ソブリン貨もしくは20シリング貨」と呼ばれてました。重さや使用する金の種類についても細かく定められており、イタリアから招聘された彫刻家ピストルッチの手による聖ジョージと竜のデザインが施されています。

　聖ジョージと竜は、古くから硬貨のデザインに用いられてきたテーマですが、この時代、コインのデザインに採用されたのは、竜をナポレオンに、聖ジョージをジョージ3世になぞらえているのではないかと考えるむきもあります。

〔図表87　1シリング硬貨〕

ミリタリーギニー

　徐々に紙幣への信頼が定着しつつある過程で、1813年に最後のギニーが発行されました。これはナポレオンとの戦争の用いるために製造されたもので、その名もミリタリーギニーと呼ばれています。

〔図表88　1813年ジョージ3世ギニー金貨〕

ダブルソブリン金貨と 5 ソブリン金貨

　ジョージ 3 世の時代に、ダブルソブリン金貨と 5 ソブリン金貨に用いられてきた聖ジョージと竜のデザインは、様々に修正されながらジョージ 4 世の時代へと受け継がれてきました。しかし、1825 年には王家の紋章の盾が描かれたソブリン金貨が発行され、聖ジョージモチーフのコインよりも、紋章の盾が描かれたコインのほうが主流となっていきます。

　しかし、1887 年、ダブルソブリン金貨に、1893 年ハーフソブリン金貨に聖ジョージのデザインが採用されると、たちまち評判となり、その後 100 年にわたり使われ続けることとなります。

〔図表 89　1980 年エリザベス女王 5 ポンド金貨　発行数 10,000 枚〕

ウナとライオンの 5 ソブリン金貨

　19 世紀に活躍した彫刻師ウィリアム・ワイオンの最高傑作と称されるコインで、16 世紀につくられた「妖精の女王」という詩にインスピレーションを受けたと言われています。ヴィクトリア女王が女神ウナとして描かれており、ウナに従うライオンはイギリスを象徴するものです。その彫刻の美しさから、現代のコレクターの間でもたいへんな人気となっています。

〔図表 90　ウナ＆ライオン〕
1839 年ヴィクトリア女王ウナ＆ライオン 5 ポンド金貨　発行数 400 枚

ジュビリーヘッド

　1887 年ヴィクトリア女王の即位 50 周年を記念してつくられたコイン
で、ジョセフ・エドガー・ボエムが手がけたものです。ところが、市場か
らの評判は芳しくなくわずか 6 年で姿を消すことになります。

　当時の悪評の理由は、ヴィクトリア女王の頭上の小さな王冠やベールな
どがヴィクトリア女王のお姿を大きく見せるからというものだったらしい
のですが、残存枚数もさほど多くなく現代では人気のコインとなっており
ます。

〔図表 91　ジュビリーヘッド〕
1887 年ヴィクトリア女王ジュビリーヘッド 5 ポンド金貨　発行数 797 枚

1900 年代

産業革命

19世紀後半になるとドイツでの産業革命が進み、国力を付けてきました。これまでイギリスとフランスの二国が支配的であったヨーロッパにおいて、ドイツの存在感が高まります。

一方、引き続き貿易によりイギリスは強い国力を保ち続けていました。1915年頃まで毎年ほぼ1000万ポンド以上が生産されるなど、イギリスのソブリン金貨は大量に生産され、さかんに流通していました。1912年には1億3350万ポンドもの金が加工されたという記録があります。

ところが1914年、オーストリア皇太子が暗殺されるサラエボ事件が発生。これをきっかけに第一次世界大戦が勃発し、一気にヨーロッパで緊張が高まります。

有事の金

そうした動きに先立ち、戦争が起こることを見越した銀行では、金の保管に動きます。銀行は、人々が引き出すお金をソブリン金貨ではなく、紙幣で支払うようになりました。

しかし、人々は銀行の弁済能力に不安を持ち、紙幣をソブリン金貨に替えようとする人が銀行に押しかけ、多くの貯金が引き出されました。

〔図表92 サラエボ事件〕

政府はこの危機に対応すべく銀行を休業させたり、10シリング1ポンドの価値を持つ大蔵省証券を発行するなどの措置をとりました。

いよいよ戦争が始まると、「お金の引出しの際に金貨を求めるなどとは、まるで相手国を応援しているようだ」などと発言する政府高官も現れ、しだいに金貨を求める人々の声が抑えられていきます。

　翌年には、戦争を後押ししようという市民の姿勢が一層顕著となり、ロンドン市内では、ソブリン金貨の流通がほぼ見られなくなりました。

　しかし例えば中東など、戦争において金貨が

他国との交渉に有効に働いたことから、1918 年にはボンベイに造幣局がつくられ、そこでは、ソブリン金貨が鋳造されていたという事実があります。

　第一次世界大戦は、イギリスの通貨に大きな影響を与えました。戦争をきっかけとして、日常的には金貨が使用されることがなくなり、軍事や政治経済といった場面でのみ金貨が使われることになったのです。

イギリスからアメリカへ移行する世界の覇権

　また第一次世界大戦により、世界の勢力図も大きく塗り変えられました。世界の権力を欲しいままにしていたイギリスは、新興国のアメリカにその立場を譲ることになります。

　戦争によりイギリスは財政危機に陥り、金本位制度が立ちゆかなくなりました。本位通貨を銀貨にして、しばらくは硬貨を用いていましたが、以前の通貨にくらべると価値基準は半分にまで落ちてしまいます。

　その結果、金属と紙という現在の通貨システムの基盤が確立されていくことになりました。

チャーチルの失策

　一方、オーストラリアやカナダといった海外の造幣局ではソブリン金貨がつくられ続けていました。しかし鋳造された金貨は流通用ではなく、あ

くまで紙幣の裏付けとしての役割しかありませんでした。

　戦争が終わると世間では、イギリスが金本位制に戻ることを期待する声が高まってきました。1925年当時、大蔵大臣だったウィンストン・チャーチルは、金本位体制に戻ることを推奨すると発表。しかしイギリスの輸出はふるわず、ドルが世界通貨の地位を確立しつつある中で、戦前レートのまま金本位制度に復帰したことで、かえって輸出産業が大きな打撃を受けてしまいます。のちにチャーチルは、金本位体制への復帰を人生最大の過ちだったと悔やむことになりました。

イギリスの衰退を決定づける世界恐慌

〔図表93
ウィンストン・チャーチル〕

　イギリスの経済はこの頃、低迷期を迎えます。というのも、ヨーロッパ各国が金本位制へ復帰したり、国内ではデフレの影響により失業率が高くなるなど、イギリス経済にとって不利な状況が続いていたからです。そんな中、さらに追い打ちをかける出来事が起こります。それは、1929年、ウォールストリートに端を発した世界恐慌。これによりイギリスをはじめとした他の国々も、ついに金本位制を廃止せざるを得ませんでした。王立造幣所では1930年とその翌年に9000枚ものソブリン金貨を溶かして金の延べ棒につくり替えたそうです。

　しかし、溶解を逃れたソブリン金貨も少なくはありませんでした。そうした金貨は、国際的な取引で使われたり、希少性により価値が高まったことから貯蔵されるケースが増えました。

アメリカが覇権を握る

こうして戦争や恐慌をきっかけとして、流通の主役の座を降りてしまった金貨ですが、1944年ドルを世界の基軸通貨とするブレトンウッズ協定が結ばれると、当時まだ使用されていたソブリン金貨に希少性が高まり金の価値以上のプレミアがつくことになったのです。その結果、イタリアやシリアでソブリン金貨の偽造が盛んに行われるようになりました。こうした状況に対応するため、また製造技術の継承も兼ねて、イギリスでは1949年から1952年にかけて硬貨の製造が行われました。

じつは、このとき製造された金貨にはそれまでの通例に従って1925年と刻まれていましたが、1957年以降は実際に発行された年が刻まれています。

収集用コインの製造

それ以降、1957年から2014年にかけては9060万枚ものソブリン金貨がつくられました。こうした金貨は、基本的には、地金市場に出回っていました。

一方、新しい王が即位する際に特別な硬貨のセットをつくるという伝統としても受け継がれています。こうした特別な金貨は、貴族や富裕層を中心にコレクションとして大切に保管されてきました。

時代を経て、もともと貴族中心の趣味であったコイン収集は、一般人の間にも広まりつつあり、中でもイギリスの金貨に対しては高い関心が寄せられるようになります。

1ポンドが100ペンスと決まる

さて、伝統を重んじるイギリスではありますが、貨幣制度も時代の波を受け変化が起こります。じつはイギリスの貨幣制度は、近年まで、1ポンド20シリング、1シリング12ペンスなどと、20進法と12進法が入りまじった複雑なものでした。それが1971年に定められた貨幣法で改められることとなり、1ポンドが100ペンスと定められたのです。

しかしこの貨幣法では、どの時代につくられたソブリン金貨も法廷通貨として認められるなど、一部従来の制度を存続したままの部分もあります。こうした部分に、イギリスの伝統を大切にする気質が感じられなくもありません。

1957年からは地金標準のソブリン金貨が大量につくられるようになり、1979年からは、コレクターを対象とした金貨が生産されるようになりました。1980年代後半からは、記念硬貨市場の伸びはめざましく、中でもソブリン金貨がその中心となっていました。

もともとは王の即位を祝うためにつくられていた金貨ですが、1980年代初め頃から5ソブリン金貨やダブルソブリン金貨がセットに含まれ、王立造幣所から顧客に対して、直接販売も始まることになります。

こうした動きがコインコレクターの増加に一役買いました。

〔図表94　ヤングエリザベス5ポンド金貨〕

世界の地金型金貨

1960年代に入ると、イギリス以外の国でも金貨が盛んにつくられるようになりました。南アフリカのクルーガーランド金貨にはじまり、カナダのメイプルリーフ金貨、オーストラリアのナゲット金貨、アメリカのイーグル金貨など、新たな金貨が発行されはじめたのです。これら新しい金貨は重量が純金1オンス（約28グラム）と画一化されていました。

ところがイギリスのソブリン金貨だけは7,988グラムとなっていたため、世界市場の標準から外れてしまう格好となりました。

〔図表 95　クルーガーランド、メイプルリーフ金貨〕

ブリタニアコインの誕生

　そこで、1987 年、イギリスではブリタニア金貨を導入し、市場への浸透を図ります。最初にこの金貨のレリーフに採用されたのは、ドゥ・ネイサンというメダル師でした。

　この年以降、ブリタニア金貨は毎年発行されていますが、2012 年より純金で製造されることとなりました。このとき、金貨のデザインについて他にもいろいろと候補があがりましたが、最終的に選ばれたのは、ネイサンのデザインでした。

〔図表 96　彫刻家 P.NATHAN（フィリップ・ネイサン）〕

エリザベスコインシリーズの誕生

　20 世紀半ばから後半にさしかかると、エリザベス 2 世の即位 25 周年記念や、ウィンストン・チャーチルの死を追悼するクラウン硬貨が発行されましたが、1990 年代に入ると、この動きはさらに加速し、クラウン硬貨に加えて 50 ペンスと 2 ポンド硬貨にも王室や科学、文化などをテーマとした記念硬貨がつくられるようになりました。

一方、ソブリン金貨の通貨単位は、ジョージ 3 世の時代から受け継がれてきたものですが、2009 年にクォーター・ソブリンが導入されることとなりました。より求めやすいこの硬貨の発行は多くのコレクターに歓迎されたそうです。

1900 年代のコインのデザイン

　1900 年代のコインのデザインについてまとめてみましょう。これまでもイギリスのコインは時代に合わせて近代化が図られてきましたが、表面のエリザベス 2 世の肖像についても変化が求められるようになりました。

　というのも、エリザベス 2 世女王は王位についている期間が長く、従来の肖像画と実際のご本人のお姿の釣り合いがとれなくなってきたためです。

　そこで、1990 年代後半にはイアン・ランク・ブロードリーがレタリングや肖像を大きめにした女王の新たな肖像画が採用されました。そして、これまでは石膏模型でつくられていた王の肖像ですが、2015 年には、ついにコンピュータの彫刻プログラムでつくられたエリザベス 2 世の肖像を刻印したソブリン金貨が誕生しました。

　ついに技術革新により、コインの肖像が人の手による彫刻からコンピュータによるプログラムへと移行することになったのです。

〔図表97　イアン・ランク・ブロードリー〕

12 角形の 1 ポンドの誕生

　通貨という面からみるとコイン同様 1928 年からイングランド銀行発行の 1 ポンド紙幣が使われてきましたが、インフレの影響により 1980 年代初頭までに 1 ポンドの硬貨を導入すべきだとの声が高まりました。こ

の結果、その3年後からニッケル黄銅の1ポンド硬貨が誕生したのです。

　スコットランドや北アイルランドの銀行では1ポンド紙幣が引き続き発行されていましたが、市場では1ポンド硬貨の人気が高まりました。ところが、1ポンド硬貨の偽造という問題が浮上し、これを防ぐために2014年には大蔵大臣のジョージ・オズボーンが新たにセキュリティ機能をもった1ポンド硬貨を導入する計画を発表。

　2017年には表面にエリザベス2世の肖像、裏面には、公募で選ばれた15歳の少年のバラやアザミなどの草花をデザインした硬貨が誕生しました。これまでの円形ではなく、円形に近い12角形型となっています。

　手づくりのハンマー打刻から始まったコインですが、近年のコインは、偽造を防ぐための様々な機能を搭載するなど、めざましい進化を遂げているのです。

〔図表98　12角形の1ポンドコイン〕

エドワード7世のソブリン金貨

　ヴィクトリア女王の時代から、聖ジョージとドラゴンの戦いというソブリン金貨のデザインはほとんど変ることはありませんでした。即位した新王エドワード7世の肖像を担当したのは、ヴィクトリア朝末期に頭角を現したジョージ・ウィリアム・デ・ソールズです。

　エドワード7世の横顔は彼の手により美しくも威厳を備えた姿でコインに刻まれることとなりました。

〔図表99　エドワード7世〕

〔図表100　ジョージ5世〕

ジョージ5世のソブリン金貨

　エドワード7世の後をついだジョージ5世は、即位当初からオーストラリア人彫刻家のベルトナム・マッケナルに肖像のレリーフを依頼したいと考えていました。というのも、ジョージ5世は以前より、ボーア戦争記念碑等で名を上げていたマッケナルの作品を愛好していたのです。

　王の思惑通りすばらしいレリーフができあがりましたが、しかし、コインとして使用するには、やや彫りが深すぎるという問題が発覚。硬貨の表と裏の釣り合いがとれないばかりか、なんと表面の肖像の輪郭が裏面にまで現れてしまったのです。

エドワード8世のコイン

　王座よりアメリカ人女性との恋を選んだエドワード8世の肖像画を手がけたのは、ハンフリー・パゲットという彫刻家でした。

　技術的にも優れたレリーフができあがりましたが、従来より受け継がれていた一代ごとに王の顔の向きを左右逆にするというしきたりから、外れてしまい前王と同じ向き左向きの肖像画となっています。

〔図表101　エドワード8世
クラウン銀貨〕

ジョージ6世のコイン

　エドワード8世と同じくハンフリー・パゲットがジョージ6世の肖像画を手がけました。とても仕上がりのよいレリーフで、ほとんど修正が入らなかったと伝わっています。

　なお、ジョージ6世の戴冠式の1937年に

〔図表102　1937年
ジョージ6世5ポンド金貨〕

つくられたソブリン金貨は、へりのギザギザがないタイプでした。これは収集家のためにデザインされたものとして話題となりました。ジョージ6世のソブリン金貨は、収集用として大量に生産されたことも特筆すべき点です。

エリザベス女王のコイン

エリザベス2世が即位した際には、5ソブリン金貨からハーフソブリン金貨までセットで製造されましたが、ごく少数のセットしかつくられておらず博物館やロイヤルコレクションに配布する分しかつくられていませんでした。

エリザベス2世の肖像を初めてメアリー・ギリックという女性が手がけることになりました。花冠をかぶった女王がとても繊細な彫りで表現されています。

即位25周年記念のクラウン金貨は、ダブル・ローズと呼ばれ、15世紀末のロンバルド書体を用いた均整のとれたレタリングが高い評価を受けています。

〔図表103　エリザベス2世〕

ブリタニア金貨

1987年から毎年発行されているブリタニア金貨。フィリップ・ネイサンの手による女神ブリタニアをモチーフとした金貨です。表面は、エリザベス2世の女性美が表現されています。

2012年からは、それまでの22カラット水準ではなく純金で製造されるようになりました。

〔図表104　女神ブリタニア〕

第4章
コインコンシェルジュから
一言

イギリスと神戸の関係

イギリス王室の歴史、そしてコインの歴史をまとめてまいりました。伝統と格式を重んじる一方で、音楽やデザインなど新しい流行をも発信しつづけるイギリスという国。なんとも不思議な国です。しかし、私が思うに、積み重ねた時間の豊穣さこそが、新しい文化やデザインを生み出す原点となっているのではないでしょうか。豊かな土壌があってこそ、創造力や革新的な技術が花開くものなのかもしれません。

そういう意味では、コインパレスのショールームがある神戸も、イギリスと同じような文化土壌が根づいていると言えるかと思います。

2017 年には開港 150 年を迎えた神戸港。その歴史を少しさかのぼってみますと、最も古いところでは、奈良時代に大輪田の泊として記録が残っており、当時は中国や朝鮮半島と交易が行われていたようです。

なお、この大輪田の泊は、現在の神戸港の西側の一部であるとされています。

また、平安時代には平清盛によって、大輪田の泊の改修が行われ、経ヶ島と呼ばれる人工島が建設されました。江戸時代には、北前船の発着場としても栄えました。

時代は下り、江戸末期の 1868 年、兵庫港として開港。外国人居留地ができたことから西洋文化が神戸という土地に根付くことになるのです。

長い鎖国を経て日本に入ってきた外国文化は、日本人の美意識と出会って神戸の街で大きく花開きます。

〔図表 105　ポートタワーとホテルオークラ〕

異国情緒あふれる街並み

　街を歩けば、当時の洋館が異国的な雰囲気を醸し出しておりますし、洋服や靴、パンや洋菓子など、神戸で出会える物や味覚には、近代化の黎明期から海外の影響を受け続けてきた神戸ならではの感性が息づいています。神戸にお越しの際には、ぜひ皆様にこうした街の魅力にも触れていただきたいと思います。

　そして、よろしければ私どもコインパレスのショールームにもぜひ足を運んでいただければと思います。神戸港と海が一望できる清明なショールームで、イギリスコインの黄金色の輝きに包まれる豊かなひとときをお過ごしいただければと思います。

〔図表 106　日本初アンティークコインのショールームとエグゼクティブラウンジの風景〕

神への戸びら、神戸

　振り返ってみれば、ここ神戸にショールームを開いてからというもの私は、何か不思議な力を得たように、運が開けてまいりました。神戸という地名は「神の戸びら」と書きますが、本当に神様のサポートがあるかのように、お客様に恵まれたり、めったに手に入らない貴重なコインが手に入ったりしたのです。人と人に縁があるように、人と土地にも良縁というものがあるのかもしれません。

　私は、運気のいい人と縁を結ぶことで、自分の運も上がるという確信めいた考えを持っておりますが、自分が得るだけではいけません。自分の幸運を他の方々と分かち合うことも大切だと感じています。

巡り巡る幸せ

　幸いにもご愛顧くださる多くのお客様のお陰をもちまして、事業は順調に業績を上げ、2017 年末には、新しいショールームをオープンさせることができました。今、私の運気はとてもいい上昇気流に乗っていると言えるでしょう。もちろんこの幸運も独り占めしては、神様に見放されてしまいます。

　今、私が持っている幸運を多くのお客様にお裾分けすることで、まわりの人を幸せにし、それが巡り巡って自分の幸せとなって還ってくることでしょう。ですから、自分だけが儲けようという考えではなく、自分の儲けは最小限に、そしてお客様ご自身の資産づくりやアンティークコインを買う楽しみを誠心誠意お手伝いしていきたいと思っています。

コインパレスについて

　コイン投資に欠かせないのが、コインの真贋であることは何度もお伝えしてまいりました。最近の偽物のコインは非常に巧妙にできており、私でも真贋を見抜くことは難しいほどです。では、偽物のコインを買ってしまうことをどうやって防げばいいのでしょうか？　それも本文や前著にお書きしたとおり、信頼のできる店舗で購入していただくことに限ります。

　では、かく言う私自身、「コインパレスという店はどうなんだ？　信頼できる店なのだろうか？」と、皆様が疑問をお持ちになるのは、至極当然のことです。ネットで「コインパレス」と検索すると上位の検索ワードに「コインパレス　信用」と出てくるところからも、お客様はどなた様も慎重に見極めをしてくださっているのだと嬉しく思っているところです。

　ここで、私が運営するコインパレスについて紹介させていただきたいと思います。

　まずコインパレスが信用に値する店舗であるのかどうか、これについては、私どもは
□関西で唯一の PCGS 認定ディーラーである
□実店舗を設けている

　などいくつも信頼の証とも言うべき客観的事実を伝えさせていただいております。それ以外にも、ちょっとだけ自慢したい事がございます。

〔図表 107　鑑定機関の認証〕

お客様だけでない、同業者様からのご依頼

　それは国内外の同業者の方々からよく購入依頼を受けることです。同業者の方でも手に入れたくなるほどのレアなコインを扱っているからです。同業者の方から、
「欲しいコインがあるがコインパレスさんで入手してくれないだろうか」
という依頼を受けることもよくあります。経験豊富かつ信頼できる海外の複数のバイヤーと提携しているため、普通では入手しづらいコインを手に

入れることが可能なのです。もちろん同業者以外のエンドユーザーの皆様
から

「このようなコインが欲しいのだが」

　と、直接依頼をいただくことも大歓迎です。

オークションディーラー様からのご依頼

　また、オークションの開催者からうちのコインをぜひオークションに出
して欲しいという依頼を受けることもあります。コインパレスの珍しいコ
インがオークションの目玉になるからです。

　また、コインの品揃えについては、特にグレードの高いものを取りそろ
えております。それは、コイン投資という目線で見るとグレードが１つ
違うだけで、売値が全く異なるためです。ですから他のお店でお買い求め
になるときでも、グレードの高いコインをお買い求めいただきたいと思い
ます。

裸コインと
グレーディングコイン

　その際、裸コイン（鑑定機関
による鑑定を受けスラブと呼ば
れるプラスチックケースに入っ

〔図表 108　裸コイン〕

ていないもの）ではなく、きちんと鑑定を受けたコインを選んでいただく
ようお願いいたします。裸コインは購入時に安く買えるので、手が出やす
いのですが、やはり売るときに安くしか売れません。

〔図表 109　裸コイン〕

〔図表 110　スラブ入りコイン〕

コインパレスの秘密

　ここで、コインパレスではなぜ他店で手に入らないような貴重かつグレードの高いコインを入手できるのか、その秘密についても少し暴露させていただきましょう。

　コインパレスでは、イギリス在住のディーラーから直接コインを仕入れています。しかし、貴重なコインであればあるほど、市場には簡単に出回りません。誰もが欲しがる貴重なコインを手放すにはそれなりの事情や理由が必要なのは、説明するまでもないことです。

　そんなコレクターの方がお持ちの秘蔵コインを「手放してもいい、コインパレスに託そう」と思っていただくための一番のポイントは、何か。それが信頼関係なのです。

お金で買えない信用

　ただお金を積めばいいというものではありません。

　自分が大切にしてきた、あるいはご先祖から大切に受け継いできたコインを手放すには、やはり信頼のできるディーラーにとお考えになるようです。

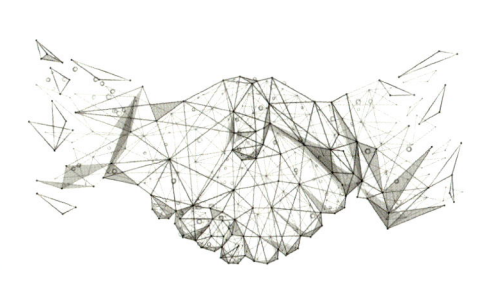

　高いプライドをお持ちの海外のコレクターの方々と信頼関係を築くために私も人には言えないような苦労を重ねてまいりましたが、おかげさまで、今では、イギリスコインといえばコインパレスと言われるようになり、ライバル会社からも私どもに対して、コインの購入依頼を受けるほどになりました。

新規立ち上げ同業者の支援

　じつは、コインパレスでは、他社様からの購入依頼も喜んでお受けして

おりますが、これからコイン業を営もうとする方の支援もさせていただいております。

　というのも、コイン業界は、まだまだ狭い業界ですので、新規参入も多く、しかしコイン投資に対する一般の方々の知名度が低いために、事業として継続して成り立たせていくには、厳しいという側面もあります。ましてや既存の仕事を辞め、退路を断ってコイン業界に船出しようとするのは、ノウハウも必要ですしとても勇気がいることです。

　私も起業当時を振り返り、大海原に放り出されたような思いで、これからどうすればいいのか暗中模索の日々でした。ですから、これから起業される方々の支援をさせていただき、更にはコイン業界をもっと盛り上げていくために、そして日本にアンティークコイン投資の素晴らしさを根づかせたいと考えています。そして同業他社の皆様とも共に手を携えつつ事業に取り組んでいきたいと考えています。

　どうぞ本書をご覧になって、真剣にコインディーラーになろうとされている方は是非ご連絡ください。一緒に歩んで参りましょう。

他店で購入したコインも大歓迎

　コインパレスでは、他店でコインをご購入されたお客様のご相談も承っております。たとえば、

「他店で買ったが適正価格かどうかが知りたい」

「他店で買った物だけど真贋を知りたい」

「鑑定に出したい」

　と、いったご要望にも対応いたしますので、どうぞお気軽にご相談ください。

　じつは、コインの価格というものは、適正価格が見えにくいのです。というのも、販売店が独自に価格設定を行いますし、コインを仕入れたときの為替レートが販売時とは異なっているといった事情もあります。また人気の高いコインなどは、オークションに出品される度にオークションレコードを塗り替えたりしますから、値動きも予測することが難しいのです。

しかし、私どもコインパレスはイギリスのアンティークコインを専門に扱っておりますから、その分野での適正価格をずばりお伝えすることが可能です。コインについて、病院で言うところのセカンドオピニオンをご提供することが可能ですので、お気軽にご利用いただければと思います。

様々なお悩みにお答えします

　また少し話が横道にそれるかもしれませんが、お客様は私どものところによくこのようなことを尋ねてこられます。
「他店でセミナーを受けたが、本当に儲かるのか」
「ぶっちゃけ、税金対策になるのか」
「コインの保管方法が知りたい」
「海外の店で購入したら有利なのか」
　等々、コイン投資について、実に様々な疑問点をお持ちのようです。
　なぜ、コイン投資の基本といってもいいようなことをこれほど多くの方が私どものお店にお尋ねになるのだろうと不思議に思っておりました。そして、あるとき、気がついたのです。それは、従業員を何人も使っているような店舗に行かれたお客様が、自分の中で疑問を解消しきれずに、それで私どものところにご相談に来られるのだということに。

デメリットを言う大切さ

　私は、経営者としてコイン投資のメリットだけではなく、デメリットも必ずお伝えするようにしています。一例をあげると、「絶対に儲かる」「今がチャンスだから資産のすべてをつぎ込むべき」と、いったようなことは、まず申しあげません。「資産管理は、リスク分散が基本です。コイン投資は、有益な投資法ですが、資産のすべてをつぎ込むのではなく 10％程度を目

安に投資していただくのがベストだと思います」というように、うますぎる話ではなく、あくまでお客様のためになる正しい情報をお伝えさせていただきます。

えてして会社に雇われている営業マンは、営業成績やノルマを達成するために、話の風呂敷を広げる傾向がなきにしもあらずです。これはコイン業界に限ったことではないかもしれませんが。しかし、私のような経営者は、一時の売上よりも、店の信頼とお客様との良好な関係を築くことが何より大切ですから、うまい話ではなく、実になる話を伝えさせていただくのです。

何より、会社で一番、情報を持っているのは、社長ですから、従業員ではなく社長と直接膝を交えて話ができるような店舗を選ぶことをおすすめいたします。

注意してほしいこと①

さて、前著「アンティークコイン投資　究極の資産防衛メソッド」を出版して以降もコイン業界には新規参入が相次ぎました。そんな業者の中には、一時の儲けを得るためにコインの価格を不当に高く設定してしまうような悪徳業者もありました。

特に、狭い部屋で少人数のセミナーを開催しては、本当はそれほどの価値のないコインなのに「今なら特別に 500 万円のコインを 400 万円でご提供します」などと、極端な値切りを行って、その場で売りつけようとするなど強引なやり方をしているような業者もいると聞きます。

〔図表111　99%勝てる! 99%の日本人が知らないアンティークコイン投資究極の資産防衛メソッド 実践編　安井 将弘 (著)〕

その場の雰囲気に流されて購入することは絶対に止めてください。ぜひ冷静な頭で判断し、私どものような専門店に適正価格かどうかを相談していただければと思います。

注意してほしいこと②

また、「無料であなたのポートフォリオをおつくりしましょう」などと、話を持ちかけられるケースもあるようです。

これは、一見親切なやり方に見えますが、あなたの資産を把握しようとする業者もありますので、注意が必要です。ご自身の資産のすべてをさらけ出すのは、避けていただきたいと思います。コイン投資はあくまでリスクヘッジの1つとしてとらえてください。

注意してほしいこと③

これも実際にあった話ですが、貴重なコインを数人で購入して、値上がり益をねらうといった詐欺事件もありました。まるでファンドのような形式で、出資者を募り、1年ごとに利益が出れば配当を支払うといったうたい文句だったようですが、架空のコインを購入したと偽って出資者はお金をだましとられてしまったという事件でした。

この事件では、40億円以上ものお金が集まったと言われています。

このように、ちまたにはコイン投資に絡む問題も散見されます。お金を出してしまう前にぜひ一度立ち止まって、他の専門家にご相談いただきますよう強くお勧めいたします。

お客様の資産を守りたいという一心から、細々とコイン投資に対する注意点をお書きいたしましたが、どれも実際にあった話ばかりです。ぜひご注意いただきたいたいものです。

コインコンシェルジュが考える仕事の流儀

最後にコインコンシェルジュを名乗る私ですが、より深く私自身の人となりを知っていただくために、私がどういう心構えでこの仕事に携わって

いるのかということを皆様にお伝えしたいと思います。

　信頼というものが一朝一夕に築けるような代物でないことは私も商売をしております関係上、よくわかっております。ですから、私の胸の内をさらけ出すことで、皆様に私という人間を知っていただければ、そしてそれが信頼への第一歩となれば幸いでございます。

前著を振り返って

　さて、前著「アンティークコイン投資　究極の資産防衛メソッド」では、30年以上に渡るコイン収集の体験と、コイン投資に関する私のノウハウを惜しみなくまとめただけではなく、自伝部分を読み物風に詳しく書かせていただきました。

　というのも、私にとってコインとの出会いが不思議な縁に導かれたものであり、そして、社会人として歩んできた道が、決して順風満帆というわけではなかったからです。しかし、老若男女を問わずあらゆる方々との出会いや経験が、今の私をつくってくれました。これまで歩んできたすべての道は、今ここへとつながるものだったと実感しています。ですから併せて前作もお読みいただければ幸いです。

　お陰様で前著出版から1年半以上が経過し、多くのアンティークコインコレクターの方々にお求めいただき、版を重ねるに至り、この度出版社様より改訂版のお話を頂戴する運びとなりました。セルバ出版の森社長には数多くの無理難題を聞き入れくださり、多大なるご協力をいただきますこと、心より感謝申し上げます。

　本書の執筆と同時並行で目下執筆中ですので、出来上がりましたら是非お求めいただき、併せて感想をお聞かせください。会員ご登録いただいた皆様へは別途メールにてご案内申し上げます。会員ご登録が未だの方は弊社ホームページよりご登録お願い申し上げます。

　そして皆様の生のお声をお聞かせください。神戸ショールームへのご来店をスタッフ一同心よりお待ち申し上げております。

第5章
生きる術を教えていただいた2人の父

帝王学を教えてくれた2人の父

　さて、私が初めて勤めた会社の社長であったY社長と実父この2人から学んだことが、今の私にとっての企業理念を形づくっております。私の生き方を示す羅針盤であると言っても過言ではありません。この2人から学んだ帝王学とも言うべき指針の数々をご紹介してまいりたいと思います。

　私の実父は安井将美といい、奈良県を中心に事業展開しておりますサン薬局を運営する関西メディコの創業者です。父の会社の営業利益は調剤薬局の全国ランキングで6位となっており、1人でここまでの会社をつくり上げた父は創業者として誰からも尊敬される人物です。

　そんな父は私が幼い頃より、とにかく厳しい人でした。おそらく将来は会社の跡取りにと思っていたことと思います。そのため、部活はラグビー部に入るよう命ぜられるなど、自分のやりたいことより常に父の思いが優先されてきました。

もう1人の父、Y社長との出会いと教え

　大学を卒業すると、そんな父のすすめもあり、とある商社に就職することとなりました。その就職先こそが、私が第2の父と慕うY社長の会社だったのです。この方の下で社会とはなにか、商売とはなにか、そしてなにより、人として生きるためにすべきことを教えていただくことができたのです。

　数年後、父の会社に入った私は、Y社長の元で学んだ理想の職場環境を実現したいと、自分の理想を掲げて仕事に励みます。ところが、企業風土の違いというものを理解していなかったがために、人間関係でつまずき、紆余曲折の末に父の会社を退職、約1年半、仕事のない失意の日々を過ごした後に、Y社長が手渡してくださった1枚のコインをきっかけにコインコンシェルジュへの道が開けたのです。そして、今に至ります。

　父は言葉で語るというよりは、私にさまざまな試練を用意することで、人としての成長を促してくれました。そしてY社長は、言葉でもさまざまな箴言を伝えてくださり、さらには働く姿、社員を思いやり、社長であ

りながら社員へ仕える姿を私に見せてくださいました。尊敬すべき2人の社長から学んだ帝王学をここに記させていただきます。

①他人の飯を食う

これは大学を卒業したばかりの私に父が課したことです。薬局とは無関係の商社のアパレル部門ではありましたが、Y社長というすばらしい社長の下で働くきっかけとなり、そのことについて私は父に感謝してもしきれない思いです。もしも、新卒のまま父の会社にすんなり就職していたとしたら、今の私はなかったでしょう。

人に感謝すること、常に相手のことを考えて行動すること、それら私のお客様への対応のイロハを教えてくださったのは、すべてY社長だったのですから。

②精神や肉体を鍛える

父は私の力や権力よりも文化や伝統に惹かれる性質や、団体より個人を好む傾向を知っていたのでしょう。学生時代にはラグビー部に入るよう指導されました。そのときは、ラグビーなどに全く興味のなかった私は、このようなハードな運動をしなければならないなんて、とんでもないことになったと辟易したものです。

しかし後で知るところによると、優れた創業者には学生時代にラグビーを経験している人が多い傾向があるのだとか。仲間との絆や信頼感、そしてひるむことなく体の大きな相手に向かっていく勇気といったラグビーというスポーツ特有の体力と精神力を鍛えるアドバンテージを期待してのことだったのかもしれないと、今になって思うのです。

③身内であろうと斟酌はしない

かつて私は父の会社をくび同然で追い出された身です。それまでにも、営業から倉庫のような場所へ配置転換されたり、系列の老人ホームへ出向

を命じられるなど、左遷も経験させられました。そのときに気づけばよかったのですが、私はあくまで自分のやり方にこだわり父の会社の企業風土に染まることを良しとしませんでした。

　結果として、父とは断絶状態になり仕事も後ろだても失った私は、裸一貫で出直し、今の会社を立ち上げることになったのです。

　しかし、もしもあのとき、父が実の息子だからと大目にみるようなことがあったら、私は自分で会社を立ち上げることなど考えもしなかったでしょうし、経営者として人に感謝することや、誰かのお役に立つ喜びなどを知ることもなかったと思います。

　実は最近になり父が前著を「いい本だな」と誉めてくれ、何冊か購入してくれました。時には、知人に配るなどしてくれているようです。私が、自分一人の力で事業を成功させ、著書を出版したことで父もようやく私のことを少しは認めてくれたのかもしれません。

④人と会ったら礼から入り、お礼は３度言う

　これはＹ社長から教わったことで、最も心に残っており、今でも実践するよう心がけていることの１つです。どなたかにお世話になったら、まずその場ですぐにお礼を言う、そして後刻お会いしたときにもう一度お礼を言う、そして、次に会ったときにも忘れずお礼を言う。

　簡単なことのようですが、人は忘れっぽい生き物です。その場でのお礼は誰にでも言えますが、後刻のお礼や、ましてや次に会った時のお礼などは、意識していないとついつい言い忘れてしまうものです。

　私も常にこの言葉を胸に刻んで、どなたにも感謝の心を伝えることを忘れないよう心がけています。

⑤人様の喜びを自分の喜びと思う

　これも上の教訓と同じような意味です。本来は、誰かの役に立つことが「働く」ということでした。それが今の世の中、いつの間にか、お金を稼ぐことが目的となってしまっているように思われます。

マネーゲームではなく、シンプルに働く喜びを感じるためにはどうすればよいのでしょう？　答えは簡単です。お客様の喜びを自分の喜びとすることが一番なのです。

⑥神仏先祖の前では誠・真心しか通じない

　人は誰しも失敗したり、何かをごまかしたいと思う時、ついついウソをついたり、自分を飾ったりしがちです。しかし、一度ウソをつくとそのウソの帳尻を合わせるためにまた新しいウソをつかねばならなくなり……永遠にウソのループから抜け出せなくなります。

　誰も見ていないような場所でも、見ている存在はあると思うことで襟を正すことができます。見ている存在は、人によってまちまちだと思いますが、私の場合は、神仏やご先祖が、いつも天から私の行動を見ている、そう思うことで何かをごまかしたり、どんな小さなウソでもつかないように自分を戒めることができます。

⑦御礼の言葉

　このような2人の父からの教えが、今の私の経営者として、人間としての基礎を形づくってくれました。年齢的に私もこれまでは、たくさんの諸先輩方から教えていただく立場でしたが、最近では、若い経営者や医師の先生から、コインのことだけではなく、企業経営や人生のあり方などについて、ご相談を受ける機会も増えてまいりました。

　まだまだ人の規範となれるような立場ではございませんが、父やY社長、先達から受けたご恩は、後ろから来る方々へ余さずお伝えさせて頂くことで、少しでも世の中のお役に立てればと思っている次第です。

　この本は、イギリス王室の歴史にはじまり、コインの歴史やアンティークコイン投資について、そしておまけとして経営者としての帝王学や、神戸の観光情報まで、盛りだくさんの内容となりました。興味のあるところだけお読みいただいても結構ですし、時間をかけてじっくりと気のむくままにお読みいただいても宜しいかと思います。

そして、イギリスのアンティークコインに少しでもご興味を持たれました ら、ぜひ私どものショールームへいらしてください。本物のコインのす ばらしさをぜひその目でお確かめいただけたらと願っております。

　最後になりましたが、本書を記すにあたって、これまでお世話になった 恩師のY社長、K先生、全国津々浦々よりご来店下さる数多のお客様、共 に働いてくださるスタッフの皆様、両親、そして家内に深く感謝の意を表 したいと思います。

　家内に対しては、本当に感謝の言葉しかありません。私が職を失い、約 ２年近く日々うつむいて生きていた時期も笑顔で乗り越えてくれ、今は陰 ながら私のよき右腕として事業を支えてくれている家内に、これまでの感 謝とこれからも夫婦として共に歩んでくれることを願って筆を置きたいと 思います。

　本書を手にとって下さり、誠にありがとうございました。衷心より感謝 御礼申し上げます。

　本書は投資の参考となる情報・技術を提供するために編集されました。 投資の最終決定は自分自身の責任において行ってください。

＜参考文献＞

「アンティークコイン投資　究極の資産防衛メソッド」　安井将弘　セルバ出版　2016年発行

「英国王室史話」森護　大修館書店　1986年発行

「英国史のティータイム」　森護　大修館書店　1991年発行

「英国王妃物語」　森護　河出書房新社　1994年発行

「英国王室流教育の極意」　小野まり　河出書房新社　2015年発行

「はじめて学ぶイギリスの歴史と文化」　指昭博　ミネルヴァ書房　2012年発行

「西洋貨幣史　上・中・下」　久光重平　国書刊行会　1995年発行

「新・世界貨幣大事典」　平木啓一　PHP研究所　2010年発行

⑧セミナー案内

アンティークコイン投資の取引を始めた人も一気に増えたことによって今後大きな問題となるのが税務です。

弊社ではアンティークコイン投資の取引実績もある税理士 渡辺氏と投資家さっかく氏と共同セミナーを随時開催しております。

税理士

渡邊 崇甫

国税専門官として大阪国税局に採用され、主に大阪・東京国税局の調査部において大規模法人の税務調査に従事。特に国際取引、金融取引、企業再編成等を専門に調査する「国際調査課」等において最先端の税務執行現場に長く身を置く。
国税庁長官表彰、国税局長表彰を受賞するなど調査現場実務に精通。また、国税不服審判所（本部）の審査官として各審判所における困難案件への助言業務にも従事。
20余年勤務した国税局を平成26年に退職。現在、神戸市にある国際税務コンサルタント事務所の所長として各種税務相談、税務調査立会、租税関係書籍の執筆に従事している。

🌐 渡邊税理士事務所ＨＰ：www.tax-watanabe.net
🌐 国税ＯＢ税理士チームＨＰ：https://www.tax-support.xyz/

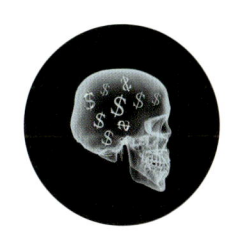

投資家

さっかく

１９９０年に神戸に生まれる。１７歳で投資を開始し、２８歳までに資産を数百倍に増やす。国立大学を上位で卒業。海外国費留学経験、株式投資研究部の活動で部長として投資論文大会での入選経験を持つ。ダイヤモンドZaiなど投資メディア掲載多数。

🐦 https://twitter.com/sakkaku2013

著者略歴

安井 将弘（やすい まさひろ）

株式会社コインパレス代表取締役社長。
近畿大学付属高校卒、帝塚山大学卒、奈良県出身、神戸市在住。
日本におけるアンティークコイン投資の第一人者。2008年まで勤務した神戸の商社を退職後、家業のサン薬局チェーンのプロパーとして勤務、沖縄（宮古島）での建築見習い、その後有料老人ホームへの勤務を経て退職する。恩師より頂戴した1枚のコインを機に独立。ヤフオクの「アンティークコイン部門」で月間売上No.1を達成する。自らコインショップの株式会社コインパレスを設立し代表取締役に就任。神戸に日本初の本格的アンティークコインのショールーム兼ラウンジを開設。アンティークコインのコンシェルジュとして日夜研鑽に励む。

株式会社コインパレス
イギリスコイン専門のアンティークコイン・モダンコイン取扱会社。
西日本初となるPCGSの認定ディーラーとして、お客様の利殖、ポートフォリオ、資産形成までをサービス。
新神戸駅前に日本初となる「アンティークコインのショールーム兼ラウンジ」をオープンし、セミナーを介しアンティークコインの魅力を伝える。
株式会社コインパレス　http://coinpalace.jp/

究極の資産防衛メソッド！ アンティークコイン投資
イギリス王室編

2018年6月22日 初版発行

著　者　安井　将弘 ©Masahiro Yasui

発行人　森　　忠順

発行所　株式会社 セルバ出版
　　　　〒113-0034
　　　　東京都文京区湯島1丁目12番6号 高関ビル5B
　　　　☎ 03 (5812) 1178　FAX 03 (5812) 1188
　　　　http://www.seluba.co.jp/

発　売　株式会社 創英社／三省堂書店
　　　　〒101-0051
　　　　東京都千代田区神田神保町1丁目1番地
　　　　☎ 03 (3291) 2295　FAX 03 (3292) 7687

印刷・製本　モリモト印刷株式会社

Printed in JAPAN
ISBN978-4-86367-423-3